Zubair Ahmad

Politische Theorie, Religion und postkoloniale Kritik

Zubair Ahmad

Politische Theorie, Religion und postkoloniale Kritik

Mit einem Vorwort von Nikita Dhawan

Tectum Verlag

Zubair Ahmad
Politische Theorie, Religion und postkoloniale Kritik

ISBN: 978-3-8288-4374-5
eBook: 978-3-8288-7356-8

Printed in Germany

Besuchen Sie uns im Internet
www.tectum-verlag.de

Bibliografische Informationen der Deutschen Nationalbibliothek
Die Deutsche Nationalbibliothek verzeichnet diese Publikation in der Deutschen Nationalbibliografie; detaillierte bibliografische Angaben sind im Internet über http://dnb.d-nb.de abrufbar.

Danksagung

Jedes noch so bescheidene Büchlein hat seine eigene Geschichte, so auch dieses. Ursprünglich als Magisterarbeit an der Goethe-Universität Frankfurt am Main angenommen, liegt es hier in überarbeiteter Fassung vor. An dieser Stelle sei ganz herzlich all jenen gedankt, die mich mit ihrem Wissen wie auch ihrer Zeit und Weitsicht unterstützt haben. Mein größter Dank gilt Prof. Dr. Nikita Dhawan für ihre achtsame und kontinuierliche Aufmerksamkeit und Unterstützung, auch in zeitlichen Engpässen. Ohne ihre umsichtige Arbeit, ebenfalls in ihrer Rolle als damalige Direktorin des Frankfurter *Research Centers for Postcolonial Studies*, wäre die Frage nach einem Blick jenseits des Eurozentrismus wohl kaum an meinem eigenen Horizont erschienen. Prof. Dr. Rainer Forst möchte ich in seiner Rolle als Zweitbetreuer ebenfalls danken, besonders aber auch dafür, dass er während dem Studium die politische Theorie als ein so dermaßen spannendes Unterfangen vorgestellt hat, dass ich nicht mehr davon loskam. Ohne seine politiktheoretischen Seminare zu Themen der Gerechtigkeit, Toleranz, Religion und des Multikulturalismus hätte sich das hier behandelte Problemfeld gar nicht erst aufgetan. Für Austausch und zahlreiche Anregungen möchte ich an dieser Stelle Meriç Ahmad und Constantin Wagner danken, denen keine Stunde zu spät und kein Gespräch zu lang war und die meine Fragen und Bedenken stets mit offenen Armen empfangen haben. Beiden sei ebenfalls für das sorgfältige Lesen und Kommentieren der ersten Fassung gedankt. *Meric´e, eksilmeyen destek ve yüreklendirmeleri icin sevgi dolu tesekkürlerimle.* Ein ganz besonderer Dank gilt ebenso meinen Eltern Umtul Naseer und Saeed Ahmad wie auch meinen beiden Schwestern Hina und Iqra, deren Fürsorge und Liebe mir die nötige Kraft gegeben hat, um das Unterfangen des sozialen Aufstiegs überhaupt zu wagen. Gewidmet ist diese Arbeit Ayaan Kerem Ahmad, dessen Geburt und ersten Lebensmonate mit dem Verfassen dieser Arbeit zusammenfielen – in der Hoffnung, dass er es eines Tages als eine wertvoll verbrachte Zeit sehen wird. *Merí ján*!

Frankfurt/Main im Oktober 2019 Zubair Ahmad

Vorwort

Postkolonial-kritische Arbeiten innerhalb der politischen Theorie haben in den letzten Jahren zugenommen. Zu eben solchen Auseinandersetzungen lässt sich auch die vorliegende Studie zählen, in der Zubair Ahmad eindrucksvoll ein aktuelles und zugleich komplexes Thema kritisch bearbeitet. Ausgangspunkt bildet die *Wiederkehr der Religion* und die sich hieraus ergebenden Fragestellungen für die politische Theorie. Während die politische Theorie diese *Wiederkehr* vornehmlich über das liberale Paradigma des Säkularismus diskutiert, schlägt Zubair Ahmads Arbeit einen anderen Weg ein. In Anlehnung an einen Blick jenseits des Eurozentrismus werden liberal- und säkularisierungstheoretische Prämissen herausgefordert und gleichzeitig zentrale Bestandteile der Postkolonialen Studien konstruktiv für die politische Theorie aufbereitet. In Konsequenz reflektiert die Arbeit einerseits die Genese und Differenzierung der Kategorien Religion und Säkularismus und verdeutlicht hierbei gleichzeitig ihre ideologische Formation, Einbettung und Funktion im Kontext der kolonialen Expansion und Praxis. Der politische Säkularismus ist im Anschluss an diese Arbeit nicht so sehr als Bedingung der friedlichen Koexistenz unterschiedlicher Religionsgemeinschaften zu verstehen, sondern als zentrales Instrument der Macht- bzw. Herrschaftsetablierung und -stabilisierung der westlichen Hegemonie im Rahmen des europäischen Kolonialismus.

Politische Theorie, Religion und postkoloniale Kritik besticht durch eine historische wie auch theoretische Herangehensweise, die die Naturalisierung von religiös/säkular (und ihrer Trennung) als ein zentrales Moment westlicher Identitäts- und Hegemoniebildung darstellt, das in einer kolonialen Vergangenheit wurzelt. Das Ziel ist somit eine postkolonial-kritische Verkomplizierung und Dekonstruktion des liberalen Paradigmas der Säkularisierung wie auch eine Neubetrachtung des modernen Religionsbegriffs im Rahmen der politischen Theorie.

Gießen im Oktober 2019 Nikita Dhawan

Inhalt

Einleitung

> "(...) each certitude is only sure because of the support offered by unexplored ground" (Foucault 1997: 127).

Ohne Zweifel, postkolonial-kritisch informierte Perspektiven sind mittlerweile auch in der deutschsprachigen Wissenschaft und Öffentlichkeit angekommen (Bechhaus-Gerst/Zeller 2018; Castro Varela/Dhawan 2015 [2005]; Ha 2004, 2010; Ha et al. 2016). In Konsequenz haben Disziplinen wie die Geschichtswissenschaft, Kulturwissenschaft, Literaturwissenschaft, Soziologie oder auch Religionswissenschaft postkoloniale Analysestrategien einzubinden gesucht (Conrad/Randeria 2002; Daniel 2016; Göttsche et al. 2017; Reuter 2010; Reuter/Karentzos 2012). Im Gegensatz hierzu sind dezidiert postkoloniale Zugriffe auf Themen und Fragestellungen der Politikwissenschaft nicht nur im deutschsprachigen Kontext jüngeren Datums. Während andere Disziplinen eine durchaus längere Geschichte hinsichtlich postkolonialer Analysen vorzuweisen haben, ist dies für die Politikwissenschaft nur bedingt geschehen. In dem Feld der politischen Theorie, innerhalb dem sich die vorliegende Arbeit bewegt, ist der europäische Imperialismus und Kolonialismus ebenfalls, wie Jennifer Pitts (2010, 226) festhält, eher „sporadisch" und „verspätet" reflektiert worden (Chandra 2013; Mehta 1999; Kohn/McBride 2011; Persram 2008). Die Randständigkeit von Postkolonialen Studien und ihren Theoretiker*innen innerhalb der Politikwissenschaft ist sicherlich nicht zufällig, sondern vielmehr hegemonialen Konfigurationen geschuldet (Franzki/Aikins 2010: 22; Reese-Schäfer/Salzborn 2015: 10). Gleichwohl haben Politikwissenschafter*innen disziplinäre Fragestellungen, Forschungsmethoden, -designs sowie -operationalisierungen für postkoloniale Analysen zu sensibilisieren gesucht (Aguilar

2018; Dhawan 2014, 2015; Krämer 2019; Ziai 2012a, 2012b, 2016). Um eine produktive politiktheoretische Beschäftigung mit der postkolonialen Theorie zu ermöglichen, müssen Erkenntnisse aus anderen Disziplinen reflektiert und politiktheoretisch aufgearbeitet werden. Für die vorliegende Auseinandersetzung, die sich dem Gegenstand der Religion annimmt, bedeutet dies vor allem religionswissenschaftliche und anthropologische Einsichten für eine postkolonial-kritische politische Theorie zugänglich zu machen. Zumal auch da, wie Mathias Hildebrandt und Manfred Brocker (2008, 9) bemerken, „eine [politik]theoretische Grundlagenreflexion, die sich insbesondere dem Begriff der ‚Religion' annimmt, (...) bisher ausgeblieben [ist]". Ansatzweise ist der Begriff jedoch innerhalb religionswissenschaftlicher und anthropologischer Auseinandersetzungen, wie ich besonders im dritten Teil der Arbeit deutlich machen werde, postkolonial-kritisch reflektiert worden. Eine Anknüpfung an diese und weitere postkolonial informierte Diskussion ist unumgänglich, möchte die politische Theorie in ihrem Erkenntnisprozess nicht zurück bleiben.

Während die Mehrheit der Theoretikerinnen und Theoretiker in den 50er, 60er und 70er Jahren des 20. Jahrhunderts noch davon ausgegangen ist, dass Religion im Kontext der Moderne ihren gesellschaftspolitischen Status einbüßen würde und ihr, in ihrem prinzipiellen Abschied in der Moderne, lediglich die Option einer individuell-privaten Existenz zur Verfügung stünde, kann heute durchaus anderes vernommen werden. Religion ist vielmehr zu einem gesellschaftspolitischen Thema aufgestiegen, das Menschen wie akademische Disziplinen gleichermaßen bewegt. Die in den letzten Jahrzehnten immer wieder festgestellte „Revitalisierung" (Habermas 2005: 120) und „Entprivatisierung" (Casanova 1994: 5) von Religionen oder auch das Konstatieren einer "explosion of politicized religion" (Chatterjee 2008: 58), hat entsprechend auch innerhalb der Politikwissenschaft zu einer verstärkten Auseinandersetzung mit der Thematik der Religion und der Suche nach ihrem *geeigneten* Platz in der Moderne beigetragen (Bellin 2008; Brocker/Hildebrandt 2008; Liedhegener 2011; Minkenberg/Willems 2003; Pickel 2011; Werkner 2011). Die Beschäftigung mit dem Gegenstand der Religion hat innerhalb der politischen Theorie eine lange und vielschichtige Geschichte (Eberle/Cuneo 2015 [2008]; Hoelzl/Ward 2006). Grundsätzlich lässt sich hierbei aber festhalten, dass eine politiktheoretische Reflektion des Begriffs nicht immer stattgefunden hat. So wird die Kategorie Religion zum Beispiel manchmal gar nicht erst explizit diskutiert: Weder im *Oxford Handbook of Political Theory* (2006) noch im *Handbuch der Politischen Philosophie und Sozialphilosophie* (2008) noch im begriffsgeschichtlich wichtigen Handwörterbuch *Geschichtliche Grundbegriffe: historisches Lexikon zur politisch-sozialen Sprache in Deutschland* (Brunner/Conze/Koselleck 1997) lassen sich Einträge zu Religion finden. Religion ist in diesen Nachschlagewerken der politischen Theorie dadurch markiert, dass diese nicht das Privileg eines eigenständigen Begriffs und Konzepts erhält, über welches es sich zu reflektieren lohnt. Andererseits lassen sich aber auch Nachschlagewerke heranziehen, welche durchaus einen Eintrag zum Begriff der Religion nachzuweisen haben: Hier sind zu nennen das *Historische Wörterbuch der Philosophie* (Elsas 1992: 632ff.), *Politische Theorie und Politische Philosophie: Ein Handbuch* (Hartmann/Offe 2011: 294ff.) und *Politische Theorie. 25 umkämpfte Begriffe zur Einführung* (Stein 2011 [2004]: 324ff.). Auch das digitale und online einsehbare *Stanford Encyclopedia of Philosophy* erhält einen ausführlichen Eintrag zu *Religion and Political Theory* (Cuneo/Eberle 2015 [2008]). Jedoch sind diese Einträge aus postkolonialer Perspektive höchst problematisch, finden die Begriffsbestimmungen und Konzeptionalisierungen von Religion vor einem eurozentrisch-liberaltheoretischen Deutungshorizont statt. Wie der erste Teil dieser Arbeit deutlich macht, wird Religion hierbei historisch wie auch konzeptionell grundsätzlich anhand von europäischen Erfahrungen reflektiert, die die Auseinandersetzung einerseits mit den Religionskriegen des 16. und 17. Jahrhunderts und andererseits mit dem Paradigma des Säkularismus koppeln. Solch eine historisch wie auch konzeptionell isolierte Betrachtung von Religion, welche sich lediglich auf den Erfahrungs- und Diskurshorizont Europas bezieht, lässt sich, wie weiter unten ausgeführt wird, aus postkolonialer Perspektive nicht aufrechterhalten. Möchte man sich aber innerhalb der politischen Theorie mit der Frage der Religion beschäftigen, muss zunächst das liberal- und säkularisierungstheoretische Paradigma offengelegt werden. Die inhaltliche Auseinandersetzung mit dem Begriff der Religion tätigt sich nämlich über die Begrifflichkeiten der Säkularisierung und des Säkularismus, die in diesem Zuge ebenfalls einer kritischen Neubewertung unterzogen werden (sollen) (Asad 1993, 2003; Casanova 1994, 2011; Calhoun/Jürgendmeyer/Van Antwerpen 2011; Habermas 2001, 2005; Warner 2010; Stein 2011; Taylor 2009, 2010). An eine postkolonial informierte Theorie- und Kritiktraditionen anknüpfend soll dieser *modus operandi* problematisiert werden.

Während das *religiöse Wiedererwachen* das klassische Säkularisierungstheorem einerseits im Hinblick auf die Idee der funktionalen Ausdifferenzierung von Wertsphären und andererseits im Bezug auf das ausgebliebene Absterben der Religion und des Religiösen herausfordert, sieht sich die liberale Konzeptionalisierung des Säkularismus mit ihren kontinuierlichen Versuchen, klare Demarkationslinien zwischen den Bereichen der Politik und Religion zu formulieren, durch die sogenannte *Politisierungen der Religion* herausgefordert (Bhargava 2009: 82).[1] Sowohl die Säkularisierung wie auch der Säkularismus werden hierbei als konstitutive Bedingungen einer nicht nur politischen Moderne gehandelt. So wäre es zum Beispiel für den Soziologen Ulrich Beck von fataler Konsequenz, wenn das Säkularisierungstheorem und damit der „universale Prozeß" einer „*unaufhaltsam* voranschreit[enden]" Modernisierung zusammenbräche. Solch ein Zusammenbruch wäre nach Beck „weitaus bedeutsamer als beispielsweise der Zerfall der Sowjetunion und [des] Ostblocks", da dieser nicht nur die „konstitutive Voraussetzung für Demokratie und Modernität darstelle", sondern „letztlich die Zukunft der europäischen Moderne" insgesamt gefährde (Beck 2008: 36f., Hervorhebung im Original). Ein ähnlich fortschrittorientiertes Verständnis und Paradigma wird auch dem Säkularismus eingeschrieben, welcher als dezidiert europäische Formation das Aufkommen von Wissenschaftlichkeit, eines gesellschaftlichen Friedens wie auch vernünftiger Öffentlichkeit und Demokratisierung ermöglicht (Sayyid 2009: 188). Während Säkularisierung und Säkularismus dann als vernunftorientierte und aufgeklärte Anwälte einer universal gedachten Moderne auftreten

[1] Liberale Kontextualisierungen fragen in diesem Zusammenhang auch häufig nach dem Wirkungsbereich der Religion. So werfen zum Beispiel Willems und Minkenberg die Frage in den Raum, ob es sich bei der so genannten Wiedergeburt der Religion „nur um eine Politisierung der Religion sowie der bisherigen Regelungen des Verhältnisses von Religion und Politik, Staat und religiösen Gemeinschaften handelt oder ob (...) vielmehr eine genuine Renaissance des Religiösen im Gange ist" (Willems/Minkenberg 2003: 13).

und unhinterfragt bleiben (Mahmood 2003),[2] wird Religion in Opposition zu den beiden gebracht (Jakobsen/Pellegrini 2000: 23). Religion nimmt hierbei, um postkoloniale Vokabeln zu verwenden, nicht nur die Rolle eines *veranderten* Objekts ein, sondern wird zu einem konstitutiven Außen anhand dessen sich Konzeptionen der Säkularisierung und des Säkularismus formieren können.

Im Rahmen aktueller Auseinandersetzungen und Kontroversen wird die Spannung zwischen säkularen Werten einerseits und religiösen Glaubensansprüchen andererseits am Beispiel des Islam besonders deutlich.[3] Im Kontext westlich-säkularer Wertverständnisse verkommt die essentialistisch-fundamentalistisch konstruierte Figur *eines* Islam zu einer nicht-säkularen wie auch nicht-modernen Variante eines außereuropäisch Anderen, der die eigenen modernen und säkularen Werte und Rahmenbedingungen zu unterwandern beziehungsweise zu verändern sucht. Kontinuierlich erfüllen Konstrukte wie *der* Islam oder *die* Muslime nicht nur die Rolle eines religiös-geographischen Außenseiters, welcher für das geographische als auch religiöse Europa befremdlich ist, sondern gleichzeitig als ein konstitutives und oppositionelles Außen für den Westen und seiner modern-säkularen Identität operiert (Bracke/Fadil 2008: 2). "More than any other single religious or political tradition," so hält zum Beispiel Hurd fest,

> "Islam has come to represent the 'nonsecular' in European and American political thought and practice. (...) Representations of Islam as antimodern, anti-Christian, and theocratic are not coincidently by-product of an inert, pregiven secular political authority – they actually help to constitute it." (Hurd 2008: 49)

---

2 Auch wenn kritische Auseinandersetzungen mit dem Säkularismus allgemein eher zugenommen haben, scheint es an dieser Stelle trotzdem angebracht Craig Calhouns Äußerung hier wiederzugeben: "Secularism is (...) in need of elaboration and understanding. Whether we see it as an ideology, a worldview, a stance toward religion, a constitutional approach, or simply an aspect of some other project – of science or a philosophical system – secularism is something we need to think through, rather than merely the absence of religion. (...) It is a phenomenon (...) that demands reflexive scholarship, critique, and open-minded exploration." (Calhoun 2010: 35, 47)

3 Die wachsende Bedeutung der politikwissenschaftlichen Religionsforschung lässt sich nach Klaus Schubert und Hendrik Meyer (2011: 14) sogar auf eine intensive Beschäftigung mit dem Islam zurückführen.

Als ein Indikator solcher Dissonanzen lässt sich zum Beispiel die immer noch anhaltende und mittlerweile unüberschaubare Diskussion um das Kopftuch anführen. Während staatliche Neutralitätspflicht oder die Gleichstellung der Geschlechter als zivilisatorische Meilensteine einer vitalen und freiheitlich funktionierenden Demokratie festgehalten werden, werden muslimische Glaubensinhalte als auch diesbezügliche Ansprüche säkularen Wertigkeiten entgegengestellt. So war zum Beispiel für den hessischen CDU-Fraktionsvorsitzenden Franz Josef Jung, maßgeblich an der gesetzlichen Ausarbeitung und Formulierung des Kopftuch-Verbots in Hessen beteiligt, nicht allzu schwer festzustellen, dass weder das „Kopftuch [noch] die Weltanschauung, die damit verbunden ist, im Einklang mit den Grundrechten unseres freiheitlichen demokratischen Rechtsstaates stehen" und das eine hessische Lehrerin, welche das Kopftuch trage, „persönlich nicht geeignet [sei], unsere Kinder im Geiste unserer Verfassung zu erziehen" (Jung 2004: 1, 3). Wie schon andernorts fielen auch in Hessen Fragen der Religionsfreiheit mit Bedenken über religiösen Fundamentalismus und den politischen Missbrauch religiöser Symbole zusammen und stigmatisierten die Kopftuch tragende Lehrerin als eine religiös *Andere*, die aufgrund ihrer Religion keine von *uns* sein könne.

Nicht nur in Hessen und nicht nur am Beispiel des Kopftuchs werden kontinuierlich Differenzierung zwischen religiösen (insbesondere islamischen) Glaubensansprüchen beziehungsweise Glaubensausübungen und säkularen Werten (einer freiheitlich-demokratischen und werteorientierten Gesellschaft) getätigt. Diesen Dissonanzen ist die erkenntnistheoretische Gewissheit inhärent, dass Religion und Säkularismus zwei voneinander trennbare Gebilde sind, die different und schwerlich zusammenzubringen sind (Davaney 2009: 1327). Im Rahmen der vorliegenden Arbeit soll an dieser Stelle interveniert werden. Hierbei ist ein grundsätzliches Anliegen von mir, die gängigen Vereinfachungen des Säkularisierungstheorems und einer liberalen Säkularismuskonzeption aus dezidiert postkolonialer Perspektive zu verkomplizieren und somit zu einer Dekonstruktion von gewissen Aspekten liberaler Säkularismusnarration und -konzeptionalisierung beizutragen. Hierbei möchte ich nicht nur argumentieren, dass die Differenzierung zwischen den Kategorien *säkular* und *religiös* eine historisch spezifische (und kontingente) Formation der westlichen Moderne darstellt (Knecht/Feuchter 2008: 16), sondern auch herausarbeiten, dass Religion keine, um mit Timothy Fitzgerald (2008) zu sprechen, „stand-alone category“ darstellt, sondern sich historische wie auch konzeptionell im Tandem zum Säkulrismus formiert. Hierbei sollen koloniale Erfahrungsräume privilegiert werden, eben weil diese für die politiktheoretische Reflexion historisch ungehört, konzeptionell unberücksichtigt und somit unterprivilegiert geblieben sind. Zu Recht erinnert zum Beispiel Sheila Greeve Davaney (2009, 1329) daran, dass modern-westliche Konstruktionen und Differenzen zwischen dem Säkularen und dem Religiösen weder naturgegeben sind noch sich nur innerhalb Europas formiert haben, sondern "were also the products of, functioned within and served the expanding colonial projects of European powers in places such as Africa." Dies herauszuarbeiten ist Anliegen dieser Arbeit.

Um diesem Anspruch gerecht zu werden, wird zunächst die liberale Säkularismusnarration und -konzeption diskutiert. Es geht hierbei weniger um eine historische Rekonstruktion, sondern vielmehr um die Wiedergabe der liberalen Säkularismuserzählung wie sie sich innerhalb politiktheoretischer Auseinandersetzung in der Gegenwart tätigt. Nachdem die gängige Narration einer liberalen Säkularismustheorie und ihre theoretischen Grundlagen dargestellt worden sind (Kapitel 1), wird das Programm der postkolonialen Theorie herausgearbeitet. Die postkoloniale Theorie ist für die Arbeit gerade deshalb von großer Relevanz, da sie die koloniale Expansion beziehungsweise ihre immateriellen wie materiellen Mechanismen und Erbschaften als zentralen Bestandteil der Moderne denkt und folglich stärker in die Analyse der Moderne und ihrer Konfigurationen einbezieht. Nach einer skizzenhaften und unabgeschlossenen Ausarbeitung der facettenreichen und heterogenen postkolonialen Theorietradition, wird das für die Arbeit relevante theoretische Instrumentarium vorgestellt und diskutiert (Kapitel 2). Schlussendlich wird der europäische Kolonialismus in den Blick genommen. Da dieser ein zentrales Operationsfeld meiner Auseinandersetzung darstellt, geht der eigentlichen Beschäftigung mit dem Arbeitsthema eine unvollständige Charakterisierung des Kolonialismus voraus. Erst im Anschluss hierauf gelange ich zu dem Versuch, mich einer Neubetrachtung und Verkomplizierung der religiös-säkularen Trennung anzunähern, die in ihrer Perspektive postkolonial ist (Kapitel 3).

Im Gegensatz zu einer innerhalb der liberalen Theorie zu strikt formulierten Trennung von Religion und Säkularismus, wird hier der Versuch unternommen, zunächst die konzeptionelle Verwobenheit und Abhängigkeit zwischen Säkularismus und Religion herauszuarbeiten und darzustellen. Demnach ist ein sinnvolles Verständnis des Religiösen ohne die Hinzunahme des Säkularen nicht denkbar – umgekehrt gilt gleiches. Gleichsam wird der Anspruch des Säkularismus sowohl Freiheit konstituierend als auch Frieden etablierend zu sein, vor einem kolonialen Erfahrungsraum hinterfragt und problematisiert. Somit wird nicht nur das klassische Säkularisierungs- und Säkularismusparadigma, sondern auch das gängige Religionsverständnis innerhalb dieses Paradigmas herausgefordert. Die vorliegende Arbeit wird hierfür sowohl historisch als auch deskriptiv arbeiten. In ihrer Absicht stellt sie lediglich einen bescheidenen Versuch dar, mit einer komplexen wie auch zeitintensiven Beschäftigung zu beginnen, die im Rahmen einer Abschlussarbeit weder hinsichtlich des Kolonialismus noch hinsichtlich der religiös-säkularen Trennung Anspruch auf Vollständigkeit erhebt.

1. Die Frage der Religion innerhalb der politischen Theorie - eine liberal- und säkularisierungstheoretische Perspektive

1.1 Säkular, Säkularisierung und Säkularismus – begriffsgeschichtliche und konzeptionelle Vorbemerkungen

> "What does the word 'secularism' actually mean? What values does it promote and what problems does it seek to resolve? Does secularism imply anticlericalism, atheism, disestablishment, state neutrality and equidistance toward all religions, the rejection of religion symbols in the public sphere, the separation of the public and private spheres, the complete separation of religion from politics, or more narrowly the separation of the institutions of the state from the influence of religion? All of the above, some of the above, or none of the above?" (Hashemi 2009: 104f.)

Schon ein recht oberflächlicher Blick in akademische und öffentliche Debatten der letzten Jahre macht deutlich, dass die Begriffe *säkular, Säkularisierung* und *Säkularismus* nicht nur als „Schlüsselkategorie[n] der Moderne" gehandelt und charakterisiert werden, sondern dass gerade der Säkularismus als ein Schlüsselbegriff der politischen Moderne operiert (Nagl-Docekal/Wolfram 2008: 11; vgl. auch Hurd 2008: 23). Obwohl diese Begriffe unsere politischen, ethischen und philosophischen Diskussionen wesentlich mitgestalten, scheint ein allseits akzeptiertes und anerkanntes Verständnis dieser Begrifflichkeiten auch im akademischen Diskussionen nicht zu existieren (Marramao 1996: 13). Wesentliche Schwierigkeiten, die einer konsensfähigen Begriffsbestimmung und Konzeptionalisierung im Weg stehen, sind nicht nur, dass diese Begriffe „sehr unterschiedliche, ja gegensätzliche Assoziationen hervorrufen", da sie sich auf Phänomene „von Veränderung der privaten Lebensführung bis hin zur Struktur der modernen Gesellschaft" beziehen, sondern dass diese Assoziationen zugleich kontroversen Deutungen und Bewertungen ausgesetzt sind (Bielefeldt 2003: 8). In Anbetracht dieser Tatsache ist es deshalb auch nur folgerichtig, dass innerhalb der akademischen Auseinandersetzung der Konsens vorherrscht, dass sich unter diesen Begriffen unterschiedliches zusammenfassen lässt (Taylor 1999: 31).

Trotz dieses Dissens geht es im Rahmen dieser Vorbemerkung darum, gewisse historische und konzeptionelle Konturen herausarbeiten, die meiner Ansicht nach charakteristisch für ein liberal-westliche Verständnis sind. Dabei gilt es aber anzumerken, dass die Beschäftigung mit diesen Begrifflichkeiten ein unübersichtliches und somit nicht immer einfaches Unternehmen darstellt.[4]

Säkular weist in seinem Ursprung christliche Wurzeln auf und leitet sich etymologisch aus dem lateinischen Wort *saeculum* ab, welches sich als Jahrhundert oder Zeitalter verstehen lässt. In seiner christlichen Verwendung bezieht sich säkular auf zwei unterschiedliche Aspekte. Zunächst bezog es sich auf jene Geistliche des Christentums, die kein klösterliches Dasein führten. Diese Geistlichen wurden als säkular begriffen, da sie weder an das Kloster noch an entsprechende klösterliche Reglements gebunden waren. Während sich diese erste Bedeutung lediglich auf die Geistlichen und ihren möglichen (klösterlichen beziehungsweise weltlichen) Status bezog, meinte die zweite Verwendung grundsätzlich anderes. Säkular in dem zweiten Sinne verwies auf ein diesseitiges, ein weltliches Reich, dass in Abgrenzung und Gegensätzlichkeit zu einem jenseitigen, einem sakralen Reich gedacht wurde (Keddie 2003: 14). In dieser zweiten Bedeutung bezog sich der Begriff säkular auf die profane und weltliche Zeit. Also jene „historische Zeit, in der das Menschengeschlecht zwischen Sündenfall und Wiederkunft Christi lebt" (Taylor 1996: 218). Nach Charles Taylor wird anhand des christlichen Begriffs säkular und seiner Konzeptionalisierung eine Grundeigenschaft des Christentums deutlich, nämlich, „zwischen Kirche und Welt einen Abstand zu bewahren – auf ihrem Nicht-Zusammenfallen zu beharren" (Taylor 1996: 218). Dieses zweite Verständnis verdeutlicht jedoch nicht nur eine rein christliche, sondern mittlerweile eine universalisierte Grundeigenschaft des Begriffs selbst. Weiteren Begriffsentwicklungen waren, wie wir noch sehen werden, stets Bemühungen und Versuche inhärent, klare Trennungslinien zwischen säkularen und religiösen Tendenzen, ihren jeweiligen institutionellen Strukturen und Inhalten zu formulieren. Dieser Aspekt des Christentums, hat, wie noch deutlich werden wird, dann später Eingang in die liberale Säkularismusdefinition selbst gefunden.

[4] So bemerkt José Casanova zum Beispiel, dass "[a]t the entrance to the filed of secularization there should always hang the sign 'proceed at your own risk'" (Casanova 1994: 12).

Die Kategorie säkular erfährt dann besonders während des sechzehnten Jahrhunderts eine zentrale Veränderung. Nach John Keane (2000: 6) verliert der Begriff seine profane und ketzerische Assoziation und wird modernisiert. Jemanden oder etwas zu säkularisieren war in diesem historischen Kontext nicht primär im klerikalen Sinne oder als Gegensatz zwischen weltlich-profaner und spiritualer Zeit beziehungsweise Sphäre zu verstehen, sondern meinte vielmehr die Konvertierung und somit Überführung von Personen und Gegenständen aus kirchliche in weltliche Hände. In diesem Zusammenhang wurde einerseits der Begriff der Säkularisation gebraucht, der sowohl auf die Reduzierung der religiösen Einflusssphäre als auch auf den „Entzug oder die Entlassung einer Sache, eines Territoriums oder einer Institution aus kirchlich-geistlicher Observanz und Herrschaft“ anspielte (Lübbe 1965: 23). Andererseits tauchte in diesem Zusammenhang auch der Begriff der Säkularisierung auf, welcher zum ersten Mal am 8. Mai 1644 während den Verhandlungen zum Westfälischen Frieden vom französischen Gesandten Henry d'Orleans geäußert wurde (Gabriel 2008: 9).

Ein weiterer begrifflicher Wandel ergibt sich dann Mitte des neunzehnten Jahrhunderts in Europa. In diesem Zusammenhang wurde das Wort säkular mit jenen assoziiert, die für eine Lehre des Säkularismus eintraten. Dieser Lehre zufolge sollten weder religiöse Institutionen noch religiöse Werte eine Rolle in irdisch-nationalstaatlichen Belangen und Angelegenheiten spielen dürfen, sondern lediglich ein nachmetaphysisches Denken (Asad 2003: 23f.; Keddie 2003: 14f.). Vor allem George Jacob Holyoake hat dieses Säkularismusverständnis maßgeblich geprägt.[5]

Seit dem frühen zwanzigsten Jahrhundert dann, und heute auch noch in diesem Verständnis gebräuchlich, etablierte sich der

---

5 “Secularism is the study of promoting human welfare by material means; measuring human welfare by the utilitarian rule, and making the service of others a duty to life. Secularism relates to the present existence of man, and to action, the issues of which can be tested by the experience of this life – having for its objects the development of the physical, moral, and intellectual nature of man to the highest perceivable point, as the immediate duty of society: inculcating the practical sufficiency of natural morality apart from Atheism, Theism, or Christianity: engaging its adherents in the promotion of human improvement by material means, and making these agreements the ground of common unity for all who would regulate life by reason and ennoble it by service.” (Holyoake zitiert nach Hashemi 2009: 105f.)

Begriff Säkularisierung als wissenschaftliche Kategorie. Besonders innerhalb der geistes- und sozialwissenschaftlichen Auseinandersetzung gilt die Säkularisierung als immer noch zentrales Paradigma sowohl der Moderne wie auch moderner Gesellschaften. In gebräuchlicher Verwendung wird unter dem Begriff der Säkularisierung primär ein Prozess der Rationalisierung verstanden. Dieser Prozess der Rationalisierung meint üblicherweise dreierlei, dass nämlich (a) eine *funktionale Differenzierung*, d.h., eine „Trennung und Ablösung der gesellschaftlichen Funktionsbereiche von Politik, Religion, Wirtschaft, Wissenschaft etc. von der Religion" stattfindet, (b) eine *Abnahme der Religiosität* erkennbar ist, dass heißt die Säkularisierung wird als „Rückgang des Glaubens auf individueller Ebene" begriffen und (c) eine stetige *Privatisierung der Religion* zum Vorschein kommt, dass heißt, „Religion wird in der modernen Gesellschaft als Phänomen der Privatsphäre begriffen" (Gabriel 2008: 10f.). Dieses Säkularisierungsparadigma wurde lange Zeit als geistes- und sozialwissenschaftliches *commen sense* betrachtet (Zachhuber 2007: 15f.).[6] Im Rahmen kritischer Auseinandersetzung mit diesem Paradigma hat besonders Casanova darauf hingewiesen, die Prozesse der klassischen Säkularisierungsvorstellungen als voneinander unabhängig zu verstehen beziehungsweise zu untersuchen. Zwar stellen die Momente der *Abnahme* und *Privatisierung* von Religion sowohl im individuellen als auch gesellschaftlichen Kontext nach Casanova wichtige Komponenten der Säkularisierung dar, doch sollten diese beiden nicht mit dem eigentlichen Kern der Säkularisierung verwechselt oder gleichgesetzt werden. Diesen Kern sieht er zuvorderst in dem Prozess der *funktionalen Ausdifferenzierung* und *Emanzipation säkularer Sphären* von religiösen Einflüssen und Machtbereichen (Casanova 2010: 30). Casanova zufolge führt diese Ausdifferenzierung nicht

---

[6] Das klassische Säkularisierungsparadigma und seine Thesen wurden lange Zeit ohne Einspruch akzeptiert und innerhalb verschiedener wissenschaftlicher Disziplinen vorausgesetzt: "In one form or another, with the possible exeption of Alexis de Tocqueville, Vilfredo Pareto, and William James, the thesis of secularization was shared by all founding fathers [of sociology] from Karl Marx to John Stuart Mill, from Auguste Comte to Herbert Spencer, from E. B. Tylor to James Frazer, from Ferdinand Tönnies to George Simmel, from Émile Durkheim to Max Weber, from Wilhelm Wundt to Sigmund Freud, from Lester Ward to William G. Summer, from Robert Park to George H. Mead. Indeed, the consensus was such that not only did the theory remain uncontested, but apparently it was not even necessary to test it, since everybody took it for granted." (Casanova 1994: 17)

bloß zu einem autonomen und klar abgegrenzten Bereich hinsichtlich Staatlichkeit, Recht, Ökonomie und Wissenschaft, sondern gleichzeitig zu einem distinktiven Bereich für die Religion selbst und ihrer Einflusssphäre (Casanova 1994: 19).

In Konsequenz dieser funktionalen Ausdifferenzierung werden unter modernen und freiheitlichen Rahmenbedingungen der Demokratie, die Sphären von Religion und Politik grundsätzlich voneinander getrennt diskutiert und behandelt:

> „In der das moderne Selbstverständnis kennzeichnenden polit.-sozialen Sprache umschreiben die generischen Abstraktionen Religion und Politik jeweils relativ eigenständige Sphären der menschlichen Sozialwelt. Gleich den Lebenssphären der Kultur, Wirtschaft oder Wiss. gelten sie als ein Produkt der sozialen Ausdifferenzierung der geschichtl.-gesellschaftl. Wirklichkeit." (Nohlen 2004: 822ff.)

Diese Trennung von Religion und Politik wird im politischen aber auch im politikwissenschaftlichen Kontext liberal-westlicher Deutung auch unter den Begriff des Säkularismus subsumiert und diskutiert. Unter Säkularismus wird dann die Trennung zwischen dem öffentlichen und dem privaten Bereich oder auch die Trennung zwischen dem Staat und der Religion beziehungsweise Religionsgemeinschaft verstanden (Hashemi 2009: 106). Für dieses erste Kapitel der vorliegenden Arbeit wird eben dieses liberal-westliche Säkularismusverständnis von Interesse und Relevanz sein. In seiner politischen Konnotation meint der Säkularismus jedoch nicht nur „die Trennung zwischen religiöser und politischer Macht", sondern auch die Organisation einer öffentlichen Sphäre, die an ein partikulares Diskurs- und Ethikverständnis gekoppelt ist (Casanova 2010: 31; vgl. auch Connolly 1999: 20). Beides gilt es im Folgenden näher darzustellen und zu erläutern, da sie in der Literatur als charakteristische Merkmale verstanden werden. Wenn ich also im Folgenden vom Säkularismus spreche, dann rekurriere ich auf eine liberal-westliche Deutung dieses Begriffs, welche sich innerhalb eines partikularen Erfahrungsraums (Europa) getätigt hat und hierdurch zu bestimmten epistemologischen und konzeptionellen Konsequenzen geführt hat, die eine normative erwünschte Trennung von religiösen und säkularen Momenten, Institutionen, Sphären formuliert. Der Säkularismus wird hierdurch zu einem klar identifizierbaren Konstrukt, was neben der institutionellen Trennung von Staat und Kirche beziehungsweise Religion und Politik auch Toleranz besonders gegenüber religiösen Minderheiten sowie eine allgemeine Abnahme des Religiösen innerhalb der Gegenwart verzeichnet (Kateb 2009: 1002). Bevor ich mich jedoch mit dem gegenwärtigen Kontext auseinandersetze und die hierzu gehörigen analytischen Konfigurationen und normativen Argumente im Zusammenhang mit dem liberalen Säkularismus näher betrachte, möchte ich die liberale Narration der formativen Phase des Säkularismus darstellen. Dies ist gerade deshalb von Relevanz, da sich innerhalb dieser Narration jene Grundstrukturen etablieren, die für ein liberal-westliches Säkularismusverständnis bis heute noch als analytische und normative Leitmotive dienlich sind.

1.2 Der Säkularismus in seiner liberalen Konnotation – eine formative Erzählung

> „Das am häufigsten gehörte Narrativ, das sowohl als eine genealogische Erklärung, als auch als eine normative Rechtfertigung für den säkularen Charakter europäischer Demokratien angeboten wird, hat die folgende schematische Struktur: Es gab einmal im mittelalterlichen Europa, wie es für vormoderne Gesellschaften typisch ist, eine Fusion von Religion und Politik. Doch diese Fusion führte unter den neuen Bedingungen religiöser Diversität, extremistischen Sektierertums und einem von der protestantischen Reformation hervorgerufenen Konflikt zu den scheußlichen, brutalen und langanhaltenden Religionskriegen der frühen Neuzeit, die die europäischen Gesellschaften in Schutt und Asche legten. Die Säkularisierung des Staates war die gelungene Antwort auf diese Katastrophenerfahrung (…)" (Casanova 2009: 8).

Der liberale Säkularismus stellt in seiner politischen Ausrichtung kein Ergebnis einer einzelnen oder bestimmten Epoche dar. Vielmehr hat er sich, in der Retrospektive betrachtet, erst durch einen komplexen Geschichtsverlauf zu einem zentralen Element der westlichen Moderne und moderner Politik entwickeln und gestalten können. Um an dieser Stelle den Rahmen des vorliegenden Abschnitts nicht zu sprengen, wird es mir weniger um eine Darstellung der Moderne und ihrer Entstehung gehen, sondern lediglich um die Genese und Geltung des liberalen Säkularismus und um die dazu gehörigen Umgestaltungen hinsichtlich Staat und Öffentlichkeit beziehungsweise ihre Verhältnisbestimmungen mit der Religion im Kontext des Liberalismus. Dies ist meiner Ansicht nach nicht nur von Bedeutung, weil hierdurch säkular-konzeptionelle Grundzüge (fest-)gelegt und Schlüsselmomente des liberalen Säkularismus deutlich werden, sondern weil diese auch die normativen Leitmotive zum Ausdruck bringen. Daher werde ich mich, wie in der liberal-westlichen Narration üblich, auf die, aus der protestantischen Reformation hervorgegangenen, europäischen Religionskriege und die Suche nach Beendigung dieser fokussieren und sie als Ausgangspunkt für meine Darstellung wählen – stellen sie nach liberaler Auffassung doch einen gewichtigen Einschnitt in die europäische Geschichte dar, der zu Umgestaltungen einleitet und zentrale Aspekte des (neu) entstehenden modernen politischen Bewusstseins und somit des Säkularismus aufweist.

Die Erneuerungsbestrebungen der protestantischen Reformation, die sie im Hinblick auf die katholische Kirche und ihr (christliches) Glaubensverständnis formuliert, werden nicht nur als Ausgangspunkt für die sinkende Bedeutsamkeit und Rolle des Christentums innerhalb Europas gewertet, sondern auch destruktiv für das Christentum in Europa gedeutet (Casanova 1994: 21). Hieraus ergeben sich für europäische Gesellschaften theologische Spaltungen, die zu offen ausgetragenen konfessionellen Spannungen führen. Als Konsequenz dieser Konflikte spricht Reinhart Koselleck von dem Zerfall der herkömmlichen Ordnung im 16. Jahrhundert:

> „Alte Bindungen und Loyalitäten wurden aufgelöst. Hochverrat und Kampf für das Gemeinwohl wurden je nach den wechselnden Lagern und je nach den Menschen, die ihre Lager wechselten, austauschbare Begriffe. Die allgemeine Anarchie führte zu Duellen, Gewalttat und Mord, und die Pluralisierung der Ecclesia Sancta war ein Ferment der Depravation für alles sonst noch Geeinte: Familie, Stände, Länder und Völker. Damit wurde von der zweiten hälfte des 16. Jahrhunderts an ein Problem virulent, das mit den Mitteln der überkommenen Ordnung nicht mehr zu bewältigen war: es war der Zwang der Epoche, inmitten der sich bitter bekämpfenden und einander grausam verfolgenden intoleranten Kirche oder religiös gebundenen Standesfraktion eine Lösung zu finden. Eine Lösung, die den Streit umging, schlichtete oder erstickte." (Koselleck 1959: 13)

Die aus den konfessionellen Spaltungen und Spannungen hervorgegangenen bürgerkriegsähnlichen Konflikte in Europa und ihre gesellschaftlichen Folgen, bilden im westlich-liberalen Kontext die historischen Rahmenbedingungen, die als Ursprung des abendländischen Säkularismus und seiner Narration angeführt werden.[7] Hierbei ist der Säkularismus die zentrale Figur, welche primär als essentielle Strategie der Konfliktlösung und -vermeidung verstanden wird. So merkt zum Beispiel Charles Taylor im Zuge seiner Säkularismusdarstellung an, dass „[d]er Ausgangspunkt des abendländischen Säkularismus der Neuzeit [in] den Religionskriegen liegt – oder vielmehr in dem durch Kriegsmüdigkeit und Entsetzen ausgelösten Bestreben, einen Ausweg aus diesen Kämpfen zu finden". Um dem Bedürfnis einer friedlichen Koexistenz der konfessionell unterschiedlichen Christen nachkommen zu können, ist, neben der religiös-politischen Trennung von Herrschafts- und Machtbereichen, nach Taylor, auch die Neuregelung des öffentlichen Raumes notwendig gewesen. Der öffentliche Bereich musste nun durch Normen und Abmachungen geregelt und bestimmt werden, „die unabhängig (...) von der Religionszugehörigkeit" der einzelnen Gesellschaftsmitglieder waren (Taylor 1996: 219). Der Versuch einer bestimmbaren öffentlichen Sphäre, welcher nicht nur ein partikulares Diskurs- und Ethikverständnis zugrunde liegt, sondern auch eine institutionelle Trennung von politischer und religiöser Autorität vorausgeht, wurde aus liberaler Perspektive als ein grundlegendes Merkmal einer modernen Gesellschaft formuliert, die in Konsequenz pluralistisch, (religiös) freiheitlich, tolerant und somit säkular konstituiert ist (Taylor 1992: 221):

---

7 Als „Trauma ihrer Geburtsstunde", so zum Beispiel Tine Stein (2004: 318), gilt „der modernen Welt (...) ein Ereignis ganz besonders": nämlich „die blutigen Auseinandersetzungen über den rechten Glauben in den konfessionellen Bürgerkriegen des 16. und 17. Jahrhunderts". Diese historischen Erfahrungen der europäischen Religionskriege dienen für den gegenwärtigen Zusammenhang als „genealogische Erklärung" wie auch als „normative Rechtfertigung für den säkularen Charakter europäischer Demokratien" (Casanova 2009: 8). Während dann die „Säkularisierung des Staates" als „die gelungene Antwort auf diese Katastrophenerfahrung" (ibid.) gewertet wird, muss „Religion" als grundsätzlich konfliktbehaftet verstanden werden, welche erst durch die Säkularisierung sinnvoll eingeschränkt und verortet werden kann (vgl. auch Connolly 1999: 20; Habermas 2005: 125; Koselleck 1959: 13; Taylor 1996: 219), wie im Laufe dieses Abschnitts deutlich werden wird.

> "The best hope for a peaceful and just world under these new circumstances was institution of a public life in which the final meaning of life, the proper route to life after death, and the divine source of morality were pulled out of the public realm and desposited into private life. The secularization of public life is thus crucial to private freedom, pluralistic democracy, individual rights, public reason, and the primacy of the state. The key to its success is the seperation of church and state and general acceptance of a conception of public reason (or some surrogate) through which to reach public agreement on nonreligious issues." (Connolly 1999: 20)

Die aus den Religionskriegen hervorgegangenen neuen Ansätze im Hinblick auf das *staatlich-institutionelle Gerüst* und der *Konzeptionalisierung von Öffentlichkeit*, so diese formative Erzählung weiter, stellen einen klaren Bruch hinsichtlich der *traditionellen* Rolle und Funktion der Religion dar. Dieser Bruch wird besonders deutlich, wenn wir uns im Folgenden die Theoretisierungen von Staat und Religion beziehungsweise Kirche bei Thomas Hobbes und John Locke anschauen. Während Hobbes im Kontext der liberal-westlichen Narration des Säkularismus ein eher *traditionelles* Staats- und Religionsverständnis verkörpert – und damit dem Geist seiner Zeit Rechnung trägt –, gilt Locke in eben dieser liberalen Erzählung als Vater des modernen Staats- und Religionsverständnisses (Laborde 2017: 15).

1.2.1 Über das Verständnis und Verhältnis von Staat und Religion bei Thomas Hobbes und John Locke

Auch im Anschluss an die Reformation war es charakteristisch für das damalige Europa, dass Religion nicht bloß *eine* Option unter *vielen* darstellte, sondern sich als *das* Leitmotiv gesellschaftspolitischer Entwicklung verstand. Der Unterschied bestand nach der Reformation jedoch besonders darin, dass religiöse und bürgerliche Herrschaft sich nun als Angelegenheiten des absoluten Staats beziehungsweise absoluten Monarchen präsentierten. Das Prinzip *cuius regio eius religio* wurde maßgebend für die Angelegenheiten des 17. und 18. Jahrhunderts. Folglich hatte die Religion nicht unbedingt grundsätzlich an Autorität und Einfluss eingebüßt. Die Vorstellung, Religion als private Angelegenheit zu betrachten, christliche Strukturen und Inhalte nur als persönliche und nicht als politische Heilswege zu deuten und erst durch diesen Verzicht den gesellschaftlichen Frieden zu erlangen, war undenkbar. Dominant hingegen war die Vorstellung, dass für die Aufrechterhaltung der sozialen Ordnung sowohl eine etablierte Kirche als auch eine gewisse religiöse Einheitlichkeit innerhalb der Öffentlichkeit vonnöten war (Hashemi 2009: 107). Deshalb schlägt Hobbes im *Leviathan* vor, dass der englische Bürgerkrieg eben nicht durch eine institutionelle Trennung von Staat und Kirche, sondern vielmehr durch eine Vereinigung dieser beiden Sphären befriedet werden könne. Im 12. Kapitel „Von der Religion" thematisiert Hobbes diesen Punkt explizit und argumentiert, „wo Gott selbst durch übernatürliche Offenbarung die Religion einpflanzte, schuf er sich auch ein besonderes Reich und erließ Gesetze, die nicht nur das Betragen gegen ihn selbst, sondern auch das der Menschen untereinander betrafen. Und dadurch", so Hobbes weiter, „sind in diesem göttlichen Reich Politik und bürgerliche Gesetze Bestandteil der Religion, und somit ist dort die Unterscheidung von zeitlicher und geistlicher Herrschaft gegenstandslos" (Hobbes 1966: 90). Charakteristisch für diese Hobbes'sche Formulierung ist nicht nur, dass Staat und Kirche keine konkrete Trennung erfahren, sondern dass Politik und bürgerliche Gesetze als Teil der Religion gehandelt werden. Obwohl theoretisch und theologisch vereint, befürwortet Hobbes nichtsdestotrotz die Subordination der Kirche im Rahmen des Staates (Curley 2007: 309).

Die Vereinigung dieser beiden Sphären hat bei Hobbes noch einen weiteren Grund. Im dritten Teil des *Leviathan* „Vom christlichen Staat" versucht Hobbes nämlich jenes, zu Aufständen und Kriegen führende Spannungsverhältnis zu lösen, welches entsteht, wenn der Untertan in einem christlichen Staat mit zwei unterschiedlichen, vielleicht sogar gegensätzlichen Willen konfrontiert wird. Anders formuliert: Was passiert wenn der Untertan feststellt, dass der Wille Gottes und der Wille des souveränen Herrschers im Konflikt zueinander stehen? Welchen Willen soll der Untertan letztlich Folge leisten? Soll er seinen Glaubensansprüchen oder dem Monarchen gerecht werden? Für Hobbes stellt dieses Problem keine Nebensächlichkeit dar. Aus der unzureichend gelösten Schwierigkeit, „wie man gleichzeitig Gott und dem Menschen gehorchen könne, wenn sich ihre Befehle widersprechen", ergibt sich Hobbes zufolge nämlich „[d]er häufigste Vorwand für Aufstand und Bürgerkrieg in christlichen Staaten" (Hobbes 1966: 446). Im

Zuge seines Lösungsansatzes, der auch dieses spezifische Spannungsverhältnis zu lösen gedenkt, konzipiert Hobbes eine politische Theorie, die in ihrer Konsequenz keine klare Trennung zwischen dem Staat und der Kirche beziehungsweise zwischen dem Willen Gottes und dem Willen des Souveränen favorisiert, sondern den „Gehorsam gegen Gott" und den „Gehorsam gegen den bürgerlichen Souveränen" vereint (Hashemi 2009: 108). Somit vereint der Hobbes'sche Souverän sowohl die bürgerliche als auch die religiöse Instanz und Legitimation in einer Person. Die Untertanen beugen sich folglich dem Monarchen nicht nur deshalb, weil er der bürgerliche Souverän ist, sondern nach Hobbes eben auch deshalb, weil dieser gleichzeitig Gottes Willen am besten zu deuten weiß.

Bei Hobbes ist deutlich erkennbar, dass er sich für eine gewisse Verbindung von staatlicher und religiöser Sphäre auf institutionell-herrschaftlicher Ebene ausspricht, die er im absoluten Monarchen manifestiert sieht. Auch wenn diese Konzeptionalisierung punktuell von vorherigen Ansätzen gesellschaftspolitischer Ordnung abweicht, spiegelt sie dennoch den damaligen Zeitgeist wider – nämlich die Zusammensetzung kirchlich-religiöser und staatlich-politischer Macht(-Instanzen). Einen ersten und gewichtigen theoretischen Vorschlag hinsichtlich der Neuordnung für das Verhältnis von Staat und Religion – und somit hinsichtlich des Säkularismusverständnisses –, formuliert wenig später John Locke. Hatte Martin Luther im Zuge der Reformation die Differenzierung zwischen der religiösen und der säkularen Regierungen herausgearbeitet, ist es nun John Locke, der sich der Trennung von Staat und Religion beziehungsweise Kirche ausführlicher annimmt (Höpel 1991: 10f.). Sowohl der Staat als auch die Religion erfahren, wie wir sehen werden, erhebliche Transformation.

Für Locke stellt das Staatswesen das Ergebnis eines Vertrages dar, indem Menschen „gegenseitig übereinkommen, eine Gemeinschaft einzugehen und einen politischen Körper zu bilden", um somit ihren Naturzustand zu verlassen (Locke 1977: 208). Die dem Staatswesen und der bürgerlichen und politischen Gesellschaft vorausgehende Situation – der Naturzustand – ist nach Locke ein Zustand vollkommener Freiheit und Gleichheit, der, obwohl als ein Moment „unkontrollierbare[r] Freiheit" charakterisiert, nicht in jenen der Zügellosigkeit umschlägt. Locke begründet diese Haltung damit, dass auch im Naturzustand „ein jeder *verpflichtet ist*, sich selbst“ und „nach Möglichkeit auch *die übrige Menschheit* [zu] *erhalten*“ (Locke 1977: 201ff., Hervorhebung im Original). Die Schwierigkeit erwächst jedoch aus der Tatsache, dass dieser Naturzustand, welcher als natürliche Gemeinschaft ohne jedwede Rangordnung strukturiert und von natürlichen Gesetzen geregelt, durch das Fehlen eines (a) „*feststehenden*, geordneten und bekannten *Gesetz*[es] (...)“, (b) eines „*anerkannten und unparteiischen Richter*[s]“, und (c) „einer *Gewalt*, [die] dem gerechten Urteil einen Rückhalt [gibt] (...) und ihm [dem gerechten Urteil] die gebührende *Vollstreckung* [sichert]“ gekennzeichnet ist (Locke 1977: 278f., Hervorhebung im Original). Vielmehr ist bei Gesetzesbruch ein „jeder berechtigt, den Missetäter zu bestrafen und somit das Gesetz der Natur zu vollstrecken“ (Locke 1977: 204). Aufgrund dieser unregelmäßigen und unbestimmten Machtausübung, leben die Menschen im Naturzustand in einer schlechten und gefährlichen Situation.

Aus dieser Konstellation des Naturzustands heraus, entsteht nach Locke der Staat beziehungsweise die politische und bürgerliche Gesellschaft. Die Voraussetzungen hierfür sind nach Locke jedoch, dass die einzelnen Mitglieder a) ihren natürlichen Anspruch auf das „persönliche Strafgericht“ aufgeben, b) dass innerhalb der Gesellschaft ein allseits anerkanntes Regelwerk etabliert wird und c) dass ein unparteiischer Schiedsrichter zur Konfliktregulation eingesetzt wird:

> „Wo immer daher eine Anzahl von Menschen sich so zu einer Gesellschaft vereinigt hat, daß jeder einzelne seine exekutive Gewalt des natürlichen Gesetzes aufgibt und zugunsten der Gemeinschaft darauf verzichtet, entsteht, und zwar nur unter diesen Umständen, eine *politische oder bürgerliche Gesellschaft*. (...) Denn dadurch ermächtigt er die Gesellschaft oder, was dasselbe ist, die Legislative, ihm Gesetze zu geben, wie sie das öffentliche Wohl der Gesellschaft erfordert, und zu deren Vollziehung er mit seiner eigenen Mitwirkung verpflichtet ist (als ob es seine eigenen Beschlüsse seien). Und dies *versetzt die Menschen* aus dem Naturzustand *in ein Staatswesen*, indem sie einen Richter auf Erden einsetzen und ihn mit einer hinreichenden Autorität versehen, alle Streitigkeiten zu entscheiden und das Unrecht zu sühnen, das einem Mitglied möglicherweise zugefügt wird“ (Locke 1977: 254f., Hervorhebung im Original).

Nach Locke besteht die hauptsächliche Funktion des Staatswesens daher darin, seinen einzelnen Mitgliedern Schutz vor der unbestimmten Machtausübung anderer zu gewähren und somit das Eigentum und die bürgerlichen Interessen (Leben, Freiheit, Gesundheit, Schmerzlosigkeit des Körpers und der Besitz äußerer Dinge wie Geld, Ländereien, Häuser, Einrichtungsgegenstände und dergleichen) eines jeden zu sichern. Dieses areligiöse Staatsverständnis ist maßgebend für Lockes Beschäftigung bezüglich dem Verhältnis von Staat und Religion beziehungsweise Kirche.

In *Ein Brief über die Toleranz* setzt sich Locke dann ausdrücklich damit auseinander, wie das Verhältnis von Staat und Religion konfiguriert sein sollte und welche Rechte und Pflichten für Staat und Kirche aus diesem Verhältnis erwachsen. Wie oben schon teilweise deutlich wurde, ist der Staat nach Locke primär mit der Pflicht betraut, „durch die unparteiische Ausführung von Gesetzen, die für alle gleich sind, allgemein dem ganzen Volke und jedem ihrer Untertanen im besonderen den gerechten Besitz dieser Dinge, die zu seinem Leben gehören, zu sichern. (...) Daher ist die Obrigkeit mit der Kraft und Stärke aller ihrer Untertanen bewaffnet, um diejenigen zu bestrafen, die die Rechte eines anderen verletzen“ (Locke 1957: 13). Die Rechtsgewalt der Obrigkeit erstreckt sich also nur auf die bürgerlichen Anliegen, ist an diese gebunden und auf sie begrenzt. Sache der Obrigkeit ist es deshalb, „Sorge [dafür] zu tragen, daß das gemeine Wesen nicht Schaden leidet und daß niemandem Unrecht getan werde, sei es an Leben oder Besitz“ (Locke 1957: 67). Schon aus dieser Konfiguration ergibt sich für Locke teilweise, dass das Seelenheil nicht in den Händen der staatlichen Obrigkeit liegen kann. Jedoch gibt es für Locke noch einen weiteren Einwand der deutlich macht, dass die Sorge um die Seelen von Gott nicht an die Obrigkeit übertragen wurde. Niemand kann und darf nämlich religiöse Autorität über einen anderen ausüben, da der Glaube eines Menschen auf der „Gewißheit des [eigenen] Urteils“ und auf das „Fürwahrhalten“ beruht. So argumentiert Locke, dass niemand, „selbst wenn er wollte, seinen Glauben dem Diktate anderer anpassen [könne]“, da, so Locke weiter, alles „Leben und alle Macht wahrer Religion (...) in der inneren und vollkommenen Gewißheit des Urteils [besteht]“ (Locke 1957: 15). Glaubensbekenntnisse und Gottesdienste sind demnach nichts als Heuchelei und folglich Sünde, wenn sie nicht im völligen Einklang unserer eigenen Urteile stehen.

An diesen Argumenten anknüpfend trennt Locke folglich die staatlichen und religiösen Angelegenheiten in zwei voneinander unterschiedene Sphären. Während die Macht und der Zwang des Staates rein äußerliche sind, stellt der Glaube eine innere Angelegenheit des Individuums dar – der weder äußerlich erzwungen werden noch ohne innere Gewissheit (von Gott oder vom Individuum) annehmbar sein kann.[8] Locke zufolge zielt die Macht der Obrigkeit somit „nicht auf die Festsetzung irgendwelcher Glaubensartikel oder gottesdienlicher Formen durch (...) Zwang" ab, denn „Gesetze haben keinerlei Kraft ohne Strafen, und Strafen sind in diesem Falle absolut ungehörig, weil sie nicht geeignet sind, im Inneren Überzeugung hervorzubringen" (Locke 1957: 19). Indem die Religion von einer *staatlichen* zu einer *inneren* Angelegenheit wird, weil sie eben nur persönlich annehmbar und ausführbar ist, werden dem staatlichen Handeln hinsichtlich religiöser Bestimmungen Grenzen gezogen und somit das Fundament der Religionsfreiheit innerhalb einer bürgerlichen Gesellschaft gelegt.

Auch hinsichtlich des Glaubens und der Kirche nimmt Locke Einschränkungen und Eingrenzungen vor. Die Kirche ist nach dem Locke'schen Verständnis eine freie und auf Freiwilligkeit beruhende Gemeinschaft, in der jeder Mensch nach eigenem Ermessen frei und ohne Zwang ein- und austreten können sollte. Der Zweck einer solchen religiösen Gesellschaft wie der Kirche liegt ausschließlich in der „öffentliche[n] Verehrung Gottes und vermittels [dieser] der Erwerb des ewigen Lebens" und deshalb sollte nach Locke auch „[a]lle Zucht (...) diesen Zweck im Auge haben, und alle Kirchengesetze darauf beschränkt sein. Nichts", so führt Locke weiter fort, „darf oder kann in dieser Gesellschaft mit Bezug auf den Besitz bürgerlichen oder weltlichen Gutes ausgehandelt werden, von keinem Zwang darf bei welcher Gelegenheit auch immer Gebrauch gemacht werden. Denn Zwang gehört gänzlich zur Staatsgewalt (...)" (Locke 1957: 25f.).

---

8 In der liberalen Denktradition besitzt dieses Argument in Bezug auf das Verständnis und Verhältnis von Staat, Religion und Individuum heute noch Gültigkeit. Darüber hinaus ist es diese normative Begründungsfigur, welche im Liberalismus als der Beginn der Religionsfreiheit identifiziert wird. Anders formuliert: Der Säkularismus – verstanden als die Trennung von staatlich-institutioneller und religiöser Sphäre – begründet und begünstigt die Religionsfreiheit des Individuums.

Während sich also der Staat bei Hobbes in seinen absolutistischen Zügen manifestiert und eine Vereinigung der religiös-weltliche Herrschaft darstellt, ist Locke um eine Trennung dieser beiden (Herrschafts-)Bereiche bemüht. Staat und Religion beziehungsweise Kirche treten hierbei zum ersten Mal als autonome Sphären auf, die nicht nur unterschiedliche Machtbereiche darstellen, sondern auch verschiedene Aufgaben erfüllen und Zielsetzungen aufweisen. Diese Differenzierung ist für die Einschränkung religiöse Macht- und Autoritätsbereiche entscheidend. Das Staatswesen und die Rechtsgewalt sind bei Locke rein auf die weltlichen Belange konzentriert, nehmen sich der Sorge der bürgerlichen Interessen an und machen staatliche (Herrschafts-)Gewalt und Zwang lediglich in nicht-religiösen Angelegenheiten geltend. Die Kirche ist im Gegensatz dazu primär mit dem Seelenheil der Menschen für die zukünftige Welt betraut und darf bei ihrer Ausübung dieses Ziel nicht aus dem Blick verlieren. Somit entstehen nicht nur zwei getrennte Entitäten, sondern Locke hat vielmehr neue Bestimmungen und Zielsetzungen mit diesen Entitäten verknüpft. Während wir bei Hobbes gesehen haben, dass der Souverän sowohl die religiöse als auch weltliche Macht verkörperte, hat Locke nicht nur zwischen diesen beiden Macht-, sondern auch ihren Einflussbereichen differenziert und diese in Differenz zueinander konzipiert. Von Bedeutung ist auch, dass bei der Entfaltung der *modernen* Staatstheorie beziehungsweise Staatsverständnisses bei Locke auch ein *modernes* Religionsverständnis zur Geltung kommt. Charakteristisch hierfür ist, dass Religion immer mehr und mehr als ein individuelles Anliegen zum Vorschein kommt und der Glaube auf persönlichen Prämissen fußt. Während Religion und Glaube vorher natürlichen Tatsachen glichen, die es zu akzeptieren galt, sind sie bei Locke keine vordiktierten Phänomene, sondern individuelle Angelegenheiten für die es sich zu entscheiden gilt. Im Zusammenhang moderner Staatstheorie ergeben und etablieren sich also auch konzeptionelle Umgestaltungen hinsichtlich des Religionsverständnisses. Diese Veränderungen sind deshalb von Bedeutung, da sie nicht nur der Religion einen neuen Platz zuweisen, sondern eine bestimmte (moderne) Auffassung von Religion zur Geltung bringen, die bis heute noch gültig ist.[9] Im

9 Dieses Argument wird im dritten Teil der Arbeit stichhaltiger entfaltet und wird deshalb an dieser Stelle nicht weiter ausgeführt.

Rahmen dieser Erneuerungen verlieren Religion und religiöse Äußerungen an Signifikanz und werden, um den Herausforderungen einer multireligiösen und theologisch zerstrittenen und konfliktreichen Gesellschaft des 16. und 17. Jahrhunderts zu begegnen, folglich nicht nur institutionell getrennt, sondern, wie weiter unten gezeigt werden wird, auch aus der öffentlichen in die private Sphäre verdrängt. Erst aus dieser neu bestimmten Identität und Struktur von Staat und Religion leitet sich, so der Liberalismus, ein friedliches Zusammenleben innerhalb einer (religiös) pluralistischen Gesellschaft ab, in der Religionsfreiheit und Toleranz gedeihen (können). Dies ist deshalb von Relevanz, da die Locke'sche Grundstruktur heute noch, sowohl für das liberal-westliche Verständnis von staatlich-religiöser Trennung als auch für die normative Begründungsfigur eben dieser Geltung besitzt.

1.2.2 Konstitution säkularer Öffentlichkeit und der Ort der Religion

Wie schon zu Beginn der Arbeit festgestellt, beinhaltet der Säkularismus in der liberalen Denktradition sowohl eine Trennung von religiöser und staatlicher Macht auf institutioneller Ebene als auch ein bestimmtes Verständnis von Öffentlichkeit. Während ich im letzten Abschnitt gewisse Veränderungen im Bereich der institutionellen Ebene skizziert habe, möchte ich mich im Folgenden mit dem Aspekt der Öffentlichkeit beschäftigen. Wie wir vor allem bei Locke gesehen haben, geht die Signifikanz der Religion für den Staat und seine Machtbereiche zurück. Wie haben wir uns nun hierbei die Öffentlichkeit und ihr Verhältnis zur Religion vorzustellen?

Die Idee und Praxis einer bestimmbaren säkularen Öffentlichkeit im modernen Sinne, welche sich a) zuvorderst in Abgrenzung zur privaten Sphäre versteht, b) an ein bestimmtes Verständnis von Diskurs gekoppelt ist und c) hierbei neue Umgangsformen hinsichtlich religiöser Inhalte und Religionsgemeinschaften etabliert, stellt eine entscheidende Komponente innerhalb der liberal-westlichen Moderne- und Säkularismuskonzeption dar. Für José Casanova ist die Trennung von privater und öffentlicher Sphäre zum Beispiel ein entscheidender Faktor moderner Gesellschaftsordnungen und Pauline Johnson attestiert der Idee der Öffentlichkeit ein Demokratie dienliches Potential (Casanova 1994: 40; Johnson 2006: 19). Kurzum, beide Aspekte des Säkularismus scheinen hohe Erwartungen mitzubringen und zentrale Konfigurationen im Rahmen der Moderne mitzugestalten.

Öffentlichkeit als ein eigener, von der privaten Sphäre verschiedener Bereich, lässt sich Jürgen Habermas zufolge „für die feudale Gesellschaft des hohen Mittelalters soziologisch, nämlich anhand institutioneller Kriterien, nicht nachweisen" (Habermas 1969: 16). Im Kontext des europäischen Mittelalters ist Öffentlichkeit weniger als ein diskursorientierter und für jedermann zugänglicher Raum der Partizipation zu verstehen, sondern vielmehr als ein Raum herrschaftlicher Repräsentation, in dem „die Verkörperung einer wie immer ‚höheren Gewalt' zum Ausdruck kommt" (Habermas 1969: 17). Der Zweck dieser öffentlichen Sphäre besteht demnach in der „Demonstration der Größe" (Habermas 1969: 20). Solch eine Repräsentation ist lediglich den Machtinhabern vorbehalten und wird nur von diesen ausgeübt. Das Publikum erfüllt hierbei die Funktion einer reinen Zuschauerschaft, ohne jedwede Beteiligung.

In Abgrenzung zu dieser mittelalterlichen Praxis von Öffentlichkeit, welche im Laufe der Jahrhunderte zerfiel, tritt Öffentlichkeit in seiner modernen Verwendung und Konzeptionalisierung erstmals im Zusammenhang des 18. Jahrhunderts hervor (Habermas 1974: 50). Als soziale Sphäre im Kontext der bürgerlichen Gesellschaft, meint Öffentlichkeit dem liberalen Selbstverständnis nach einen gemeinschaftlichen Raum, in dem die einzelnen Gesellschaftsmitglieder gesamtgesellschaftlich relevante Themen und Angelegenheiten erörtern (Taylor 1992: 220). In diesem Sinne ist unter Öffentlichkeit vorrangig ein Raum zu verstehen, der die diskursive Auseinandersetzung mit Themen von gesellschaftspolitischer Relevanz auf eine bestimmte Art und Weise erlaubt und ermöglicht beziehungsweise auch verbietet. Das Publikum bildet hierbei nicht eine passive Menge von Zuschauern und Zuhörern wie im Mittelalter, sondern von aktiven Sprechern und Adressaten, die „einander [begründbare] Rede und Antwort stehen" und „ihrem privaten Leben gleichsam den Rücken" gekehrt haben (Habermas 2005: 15). Somit trägt diese liberale Öffentlichkeitskonzeption maßgeblich dazu bei, über den diskursiven Austausch zu einer wechselseitig anerkannten und allgemein gültigen Meinung zu gelangen, die nicht nur erneut diskutierbar, sondern auch relevant für das politische Establishment ist (Taylor 1992: 221). Weder die

Idee und Praxis der Öffentlichkeit noch die des öffentlichen Diskurses werden in diesem liberalen Zusammenhang als Praxen von Macht und Autorität begriffen. Im liberalen Selbstverständnis agiert beides vielmehr außerhalb von Machtkonstellationen und -strategien:

> "The public sphere is the locus of a discussion potentially engaging everyone in which the society can come to a common mind about important matters. This common mind is a reflective view, emerging from a critical debate, and not just a summation of whatever views to be held in the population. As a consequence, it has a normative status: government ought to listen to it. (...) It is a space of discussion which is self-consciously seen as being outside power. It is supposed to be listened by power, but it is not itself an exercise of power (...), a discourse of reason *on* and *to* power, rather *by* power." (Taylor 1992: 229ff., Hervorhebung im Original)

Ähnlich wie die Konzeptionalisierung des modernen Staates bei Locke, ist auch die Etablierung eines modernen Öffentlichkeitsverständnisses mit einer gleichzeitigen Neuverortung von Religion verwoben. Diese Neuverortung von Religion geht vor allem auf die gesamtgesellschaftliche Ernüchterung der Aufklärung zurück (Gay 1978: 27). Die Aufklärung ermöglichte und gestaltete nämlich nach liberalem Verständnis nicht nur ein modernes Bezugssystem, welches sich primär in Abgrenzung zu traditionellen und religiös-christlichen Welt- und Lebensverständnissen verstand und die Religion zu einer Neuverortung zwang, sondern etablierte hierdurch auch neue (und vom Selbstverständnis her moderne) Definitionen, Deutungen, Konzepte und Praxen.[10]

Der legitime Ort der Religion war folglich der private Bereich, der sich sowohl in Abgrenzung zum öffentlichen generierte als auch die Religion abseits von Macht- und Autoritätsansprüchen des Staates und der Öffentlichkeit verortete – ein Ort in dem die

[10] "In its simplest sense the Enlightenment was the creation of a new framework of ideas about man, society and nature, which challenged existing conceptions rooted in a traditional world-view, dominated by Christianity. The key domain in which Enlightenment intellectuals challenged the clergy, who were the main group involved in supporting existing conceptions of the world, concerned the traditional view of nature, man and society which was sustained by the Church's authority and its monopoly over the information media of time." (Hamilton 1994: 23).

individuelle Wahl im Vordergrund steht (King 1999: 12f., Hervorhebung Z.A.). Diese neue und moderne Verortung der Religion basierte zum Teil auch auf den Erfahrungen der Religionskriege, die die Religion prinzipiell als etwas verstanden, "what actually or potentially divides (...), and if followed with passionate conviction, may set us intolerantly against one another" (Asad 1993: 207). Um folglich den gesellschaftspolitischen Frieden innerhalb einer religiös multivokalen Gesellschaft zu wahren, sollten theologische Differenzen, so liberale Theoretiker, weder in öffentlichen Diskursen in Erscheinung treten noch irgendeine Relevanz für politischen Auseinandersetzungen besitzen. Religion wurde somit auch im Rahmen der liberal-westlichen Öffentlichkeit und des öffentlichen Diskurses zu einer Variable, die als Gefährdung wahrgenommen wurde.

1.3 Das liberale Säkularismusverständnis im gegenwärtigen Kontext

1.3.1 Der säkulare Staat und die Religion

Der Begriff des Säkularen charakterisiert, wie wir gesehen haben, den modernen Staat als ein weltliches Gebilde. Im Gegensatz zu einem religiösen, verfügt der säkulare Staat weder über eine religiöse Grundlage noch steht er der dominierenden Vorstellung zufolge als weltlicher Arm im Dienste eines höheren religiösen Ziels. In diesem Sinne steht er heute noch voll und ganz im Erbe der oben skizzierten formativen Entwicklungen und ihrer Grundtradition. Als eine von Menschen für Menschen geschaffene Institution ist er dabei ganz auf seine „weltliche Ordnungs- und Gestaltungsfunktion konzentriert" (Bielefeldt 2003: 15). Hierin besteht nicht nur der Daseinsgrund des säkularen Staates, sondern darin findet er auch die Grenze seines Wirkens. Religion, so geht aus dem liberalen Säkularismusverständnis hervor, bildet folglich kein Fundament staatlicher Ordnung. Staat und Religion sind folglich nicht nur grundsätzlich voneinander getrennt, sondern vielmehr *hat* und *vertritt* der Staat keine Religion. Er hat sich, um mit Böckenförde zu sprechen, „aus der Umfangenheit von der Religion, welche für die politische Ordnung in Antike und Mittelalter lange Zeit bestimmend war, emanzipiert und insofern säkularisiert" (Böckenförde 2007: 12). Als Konsequenz hieraus erwächst die Religionsfreiheit der einzelnen Bürger. Ihnen selbst ist es im Kontext des säkularen Staates überlassen und von staatlicher Seite aus rechtlich garantiert, ob sie eine oder keine Religion annehmen und ob beziehungsweise wie sie ihre Glaubenspraxis tätigen möchten. Zwar wird Religion im säkularen Staat keinesfalls negiert oder schlichtweg beiseite geschoben, jedoch bedeutet die Trennung von Staat und Religion für letzteres, dass sie keinerlei Anspruch auf Autorität innerhalb der staatlichen Sphäre besitzt. Sie wird von staatlicher Seite vielmehr in den Bereich „der bürgerlichen Gesellschaft und ihrer Freiheitsordnung" verwiesen, kann sich dort entfalten und „bestimmt nicht mehr den Geist des [modernen] Staates, der folglich kein christlicher, muslimischer oder von einer anderen Religion verbindlich geprägter Staat sein kann" (Böckenförde 2007: 14).

Im Rahmen einer freiheitlich konstituierten Demokratie sind es jedoch nicht bloß die institutionelle Trennung und das Fehlen eines religiösen Bekenntnisses, die den modern-säkularen Staat charakterisieren, sondern auch der Anspruch, „eine nichtreligiöse und nachmetaphysische Rechtfertigung der normativen Grundlagen des demokratischen Verfassungsstaates zu liefern" und somit in religiösen und weltanschaulichen Fragen *neutral* zu bleiben (Habermas/Benedictus/Schuller 2006: 18). Da der Begriff der Neutralität gerade kein selbsterklärender ist, ist es durchaus berechtigt danach zu fragen "what kind of neutrality are we discussing here" (Bhargava 1999: 501)?

Zunächst gilt es festzuhalten, dass die Neutralität des liberal-säkularen Staates weder als eine generelle Wertneutralität noch als eine normative Bindungslosigkeit verstanden wird. Ihr Hauptanliegen zielt vielmehr darauf ab, gegenüber religiösen und weltanschaulichen Konzeptionen unvoreingenommen und unparteilich zu sein und die Grundlage von politischen Entscheidungen entsprechend nicht in Konzeptionen des guten Lebens zu situieren (Adhar/Leigh 2005: 42).[11] Dieser Ausdruck einer unparteilichen

[11] Es ist an dieser Stelle geboten darauf hinzuweisen, dass die Neutralität des liberal-säkularen Staates, welche als Teil des Säkularismus verstanden wird, sich nicht nur gegen jedwede Bevorzugung und Benachteiligung religiöser, sondern auch nicht-religiöser Ansichten richtet: „Der Sinn der staatlichen Neutralität liegt gerade darin, dass man die Begünstigung oder Benachteiligungen nicht nur im Fall religiöser Position vermeiden möchte, sondern im Hinblick auf *jeden* Standpunkt – einerlei, ob dieser religiöser oder nichtreligiöser Art ist. (...) Der Staat", so Charles Taylor weiter, „kann weder christlich noch muslimisch noch jüdisch sein. Aus dem gleichen Grund sollte er

Ordnung ist aber nicht als bloße Konfliktvermeidungsstrategie im Hinblick auf den gesellschaftlichen Pluralismus der Moderne, sondern vielmehr als ein bestimmter *Modus der Rechtfertigung* im Rahmen derselben zu verstehen.

Diesem Modus der Rechtfertigung geht eine Trennung zwischen ethischen und moralischen Überzeugungen und Normen voraus. Während ethische Überzeugungen besagen, dass jemand eine bestimmte Lebensweise für sich selbst bejaht oder ablehnt und etwas in *ethischer* Hinsicht für sinnvoll beziehungsweise unsinnig erachtet, meint Letzteres etwas anderes. Moralische Überzeugungen erheben nämlich Geltungsansprüche und tragen sich in allgemein geltende und verbindliche Normen innerhalb einer Gesellschaft. Zu diesen moralischen Geltungsansprüchen und Normen gelangen wir nach liberaler Auffassung jedoch nur, wenn sie auf rechtfertigbaren Gründen fußen, die vernünftiger Weise nicht zurückgewiesen werden können:

> „Eine ‚für mich' geltende Wahrheit kann nur dann moralische Geltung beanspruchen, wenn sie mit moralischen Gründen verteidigt werden kann; ethische ›Wahrheit‹ ist nicht automatisch moralische ‚Richtigkeit': Eine persönliche Wahrheit müßte dafür ‚zwischenpersönlich' zu rechtfertigen sein. Das bedeutet nicht, daß eine Person ihre ethischen Überzeugungen von einer ‚unpersönlichen' Warte aus betrachtet; sie ist nur in dem bestimmten Fall, in dem sie eine *moralische* Geltung dieser Überzeugungen ‚für andere' beansprucht, gezwungen, ‚öffentliche' Gründe für sie zu geben. (...) Gründe sind nur dann gute moralische Gründe, wenn sie reziprok zu rechtfertigen sind, das heißt, wenn Person A von Person B nicht mehr verlangt, als sie selbst zuzugestehen bereit ist, und Person B dieses Verlangen nicht mit dem Verweis auf eine einseitige Situationsbedingung reziprok zurückweisen kann (Gegenseitigkeit), und dann, wenn sie mit dem Hinweis auf die Interessen aller Betroffenen

---

allerdings auch weder marxistisch noch kantisch noch utilitaristisch sein. Natürlich wird der demokratische Staat letztlich Gesetze beschließen, die (im besten Fall) tatsächliche Überzeugungen seiner Bürger widerspiegeln, die ihrerseits entweder Christen sind oder Muslime usw. (...). Die Entscheidungen können allerdings nicht so formuliert werden, dass einer dieser Anschauungen besondere Anerkennung zuteil wird" (Taylor 2009: 675, 679f., Hervorhebung im Original).

gerechtfertigt werden und von allen mit guten Gründen akzeptiert werden können (Allgemeinheit). Dann erst sind sie Gründe für allgemeine Normen" (Forst 1996: 68, Hervorhebung im Original).

Neben der institutionellen Trennung von Staat und Religion, die den Staat zu einer distanzierten und neutralen Haltung gegenüber partikularen Anschauungen und Ansichten verpflichten soll, spielt auch der Geltungsvorrang des säkularen Rechts eine wichtige Rolle. Dieser Geltungsvorrang resultiert nicht aus der Idee einer abstrakten Überlegenheit menschlicher Rechtsprechung gegenüber göttlichen Geboten, sondern ist grundsätzlich praktischer Natur. Das praktische Primat des säkularen Rechts gegenüber eines religiösen oder sonst weltanschaulich gebundenen, ist der politisch-rechtlichen Einsicht geschuldet, „dass religiöse Wahrheits- und religionsrechtliche Geltungsansprüche stets in *menschlicher Interpretation* vorliegen – ein Sachverhalt, der sich in den irreversibel pluralistischen Gesellschaften der Moderne deutlicher als je zuvor der Erfahrung aufdrängt". Eine säkulare Ordnung stellt folglich jenen Rahmen dar, in dem diese „Vielfalt der Überzeugungen und Lebensformen" anerkannt, geschützt und gleichberechtigt miteinander leben können (Bielefeldt 2003: 34f.).

All dies macht deutlich, dass Religion im Kontext liberaler Staatsauffassung weder auf die institutionellen Apparate des Staates noch auf die säkulare Rechtsprechung irgendwelche Einflüsse ausüben soll. Während der säkulare Staat sowohl in seiner formativen als auch aktuellen Phase ähnlich konzeptionalisiert ist, scheint sich die liberal-westliche Öffentlichkeitskonzeption verändert zu haben. In der formativen Phase galt Religion tendenziell als Privatsache, während das gegenwärtige Öffentlichkeitsverständnis im Kontext liberal-westlicher Perspektive durchaus die Möglichkeit in Betracht zieht, Religion nicht gänzlich in den privaten und persönlichen Bereich zu verdrängen. Diese Neuausrichtung von Öffentlichkeit und ihr Verhältnis zur Religion soll im Folgenden mit Hilfe von John Rawls, Jürgen Habermas und José Casanova herausgearbeitet werden. Während Rawls an dieser Stelle exemplarisch für die klassische Öffentlichkeitskonzeption des Liberalismus steht beziehungsweise argumentiert, gehen sowohl Habermas als auch Casanova über dieses klassische Verständnis hinaus. Für beide scheint die Frage relevanter, welche Funktion und Rolle sollten und können religiöse Überlieferungen und Religionsgemeinschaften innerhalb einer liberal-demokratisch konstituierten Zivilgesellschaft und politischen Öffentlichkeit, also beim Prozess der politischen Meinungs- und Willensbildung, spielen dürfen und einnehmen. Obwohl Habermas und Casanova durchaus auch liberalismuskritisch argumentieren und die klassischen Grenzziehungen der liberalen Öffentlichkeitskonzeption erweitern, scheint mir ihre Einbettung in das liberal-westliche Paradigma nichtsdestotrotz sinnvoll und angebracht. Gerade deshalb, weil sie die grundsätzliche Trennung zwischen säkularen und religiösen Macht- und Herrschaftsbereichen wie auch Einflusssphären als eine wichtige Voraussetzung für eine moderne beziehungsweise freiheitlich konstituierte und friedliche Staatlichkeit und Gesellschaftsordnung verstehen – ganz im Sinne des Liberalismus. Deshalb ist Religion sowohl bei Habermas als auch bei Casanova immer noch etwas, dass *idealiter* von säkularen Konfigurationen getrennt konzeptionalisiert und verstanden wird – wenn auch nicht so strikt wie in der Öffentlichkeitskonzeption des John Rawls.

1.3.2 Rolle und Funktion der Religion im Rahmen der politischen Öffentlichkeit

1.3.2.1 Öffentlicher Vernunftgebrauch und Religion bei John Rawls

Die Idee der öffentlichen Vernunft gehört nach Rawls zu den Grundzügen einer wohlgeordneten demokratischen Gesellschaft und resultiert aus dem Faktum des Pluralismus, der im Rahmen demokratisch-freiheitlich konstituierter Staaten gesellschaftspolitisch zur Geltung kommt. Für Rawls ist die Vielfalt „vernünftiger umfassender religiöser, philosophischer und moralischer Lehren, die wir in modernen demokratischen Gesellschaften finden, kein vorübergehender Zustand“, sondern vielmehr ein „dauerhaftes Merkmal der öffentlichen Kultur einer Demokratie“ (Rawls 1998: 106). Im Kontext des Pluralismus erschwert die Anwesenheit umfassender Lehren (*comprehensive doctrines*) Rawls zufolge nicht nur die Übereinstimmung und die gegenseitige Verständigung zwischen den einzelnen Staats- und Gesellschaftsmitgliedern auf der sozial-politischen Ebene, sondern birgt darüber hinaus erhebliches Konfliktpotential im Rahmen derselben. Im politischen Raum gilt es daher die Frage zu beantworten, welche vernünftigen

Gründe einzelne Staats- und Gesellschaftsmitglieder sich schulden, wenn fundamentale politische Fragen im Rahmen des Pluralismus auf dem Spiel stehen und öffentlich diskutiert werden (Rawls 1997: 766).

Rawls antwortet auf den gesellschaftspolitischen Pluralismus mit der Idee einer öffentlichen Vernunft, die aus der Unmöglichkeit, öffentliche beziehungsweise politische Streitfragen auf der Basis umfassender metaphysischer und religiöser Überzeugungen zu beantworten, hervorgeht und diesem Zustand Rechnung trägt. Diese konsensorientierte Vernunft, so Rawls, gilt in erster Linie zwar für Diskurse von Richtern, Regierungsbeamten und Anwärtern des öffentlichen Amtes, kann aber auch von Staatsbürgern im Rahmen eines öffentlichen Diskurses angenommen werden:

> "How though is the ideal of public reason realized by citizens who are not government officials? (...) To answer this question, we say that ideally citizens are to think of themselves *as if* they were legislators and ask themselves what statutes, supported by what reason satisfying the criterion of reciprocity, they would think it most reasonable to enact" (Rawls 1997: 769, Hervorhebung im Original).

Neben der Idee einer stabilen Gesellschaftsordnung, die nach Rawls auf einer freistehenden politischen Konzeption von Gerechtigkeit ("self-standing political conception of justice") beruht, demnach also „keine spezifisch metaphysische[n] oder erkenntnistheoretische[n]" beziehungsweise religiösen Lehren beinhaltet und somit als „freistehende Auffassung" bezeichnet werden kann (1998: 75), scheint auch das Prinzip einer allgemein und reziprok zugänglichen Vernunft und Argumentation im Rahmen der Öffentlichkeit, religiöse Argumentationen und Positionen zu verdrängen (Rawls 1997: 803). Öffentlichkeit konzipiert sich bei Rawls demnach als ein Raum politischer Begründung, in dem Bürgerinnen und Bürgern eine moralische Rechtfertigungspflicht auferlegt ist, welcher sie sich nicht entziehen können (Rawls 1998: 317f.). Dieses zivile und konsensorientierte Diskursverhalten im Rahmen der Öffentlichkeit soll in Konsequenz dazu führen, dass religiöse Wahrheiten und Positionen im Kontext eben dieser keinerlei Anspruch besitzen, geäußert zu werden und folglich zu verstummen drohen, sobald sie das Feld des Politischen betreten. Die Rawls'sche „Öffentlichkeit gehört der Vernünftigkeit,", so Wolfgang Kersting,

„die, bemüht, die Gesprächspartner nicht mit fremden Weltsichten zu irritieren, möglicherweise sogar zu beleidigen, ausschließlich das ins Auge faßt, von dem vermutet werden kann, daß es konsensfähig ist und auch von dem weltanschaulichen Gegner akzeptiert werden kann“ (Kersting 2006: 137). Da religiöse Argumente das Kriterium der Reziprozität nicht erfüllen, werden sie von Rawls als potentielle Gefahr für den gesellschaftlichen Frieden gewertet. Im Rahmen des gesellschaftlichen Pluralismus und seiner Öffentlichkeit, sollten sie daher ungeäußert bleiben. Ihren legitimen Entfaltungsraum kann sie somit nur im persönlichen und privaten und nicht im öffentlichen Leben finden.

1.3.2.2 Öffentlichkeit und die postsäkulare Konstellation bei Jürgen Habermas

Die Habermas'sche Auseinandersetzung mit der Thematik der Öffentlichkeit und Religion, findet vor dem Hintergrund einer „politischen[n] Revitalisierung der Religion“ und Entprivatisierung eben dieser statt (Habermas 2005: 120).[12] Diese erneute Wahrnehmbarkeit von Religion in öffentlichen und politischen Arenen hat dazu geführt, dass auch Jürgen Habermas begonnen hat danach zu fragen, welche Rolle „umfassende vernünftige Lehren und Weltanschauungen im öffentlichen und politischen Raum moderner pluralistischer Gesellschaften einnehmen könn[t]en“ (Schmidt 2008: 87). Gleichzeitig ist Habermas jedoch der Ansicht, dass die praktische Vernunft ihr gesellschaftliches Anliegen in der Moderne nicht (mehr) alleine bewältigen könne und sich deshalb nach Helfern umzuschauen habe, die sie durchaus in den Religionsgemeinschaften finden könne (Brieskorn 2008: 37).

Im Zuge seiner Beschäftigung akzeptiert Habermas einerseits zwar die institutionellen Konturen des weltanschaulich neutralen Staates und somit die Tatsache, dass „nur diejenigen politischen Entscheidungen als legitim gelten dürfen, die im Lichte von allgemein zugänglichen Gründen unparteilich, also gleichermaßen gegenüber religiösen wie nicht-religiösen Bürgern, oder Bürgern verschiedener Glaubensrichtungen, gerechtfertigt werden können“

12 “By deprivatization I mean the fact that religious traditions throughout the world are refusing to accept the marginal and privatized role which theories of modernity as well as theories of secularization had reserved for them.Social movements have appeared which either are religious in nature or are challenging in the name of religion the legitimacy and autonomy of the primary secular spheres, the state and the market economy.” (Casanova 1994: 5)

(Habermas 2005: 127). Andererseits folgt für die Bürger aus dieser Konfiguration säkularer Staatsgewalt noch lange keine „unmittelbare Verpflichtung, öffentlich geäußerte religiöse Überzeugungen durch Äquivalente in einer allgemein zugänglichen Sprache zu ergänzen", oder gar gänzlich zu vermeiden (Habermas 2005: 134). Für Habermas sprechen besonders dreierlei Einwände gegen ein Öffentlichkeitsverständnis, dass religiösen Bürgerinnen und Bürgern ihre jeweiligen Überzeugungen und Positionen in öffentlichen Diskursen gerade deshalb verweigert, weil sie weder allgemein verständlich noch reziprok in der Sprache formuliert sind – somit wendet er sich auch gegen die Öffentlichkeitskonzeption beziehungsweise die Idee öffentlicher Vernunft von John Rawls.

Zuvorderst lässt sich ein *funktionaler Einwand* heranziehen, der sich gegen eine solche Konzeptionalisierung von Öffentlichkeit ausspricht. Es lässt sich hierbei dahingehend argumentieren, dass Religion und Religionsgemeinschaften durchaus positive Funktionen erfüllen, die wichtig für die Stabilisierung und Entfaltung einer liberalen Staats- und Gesellschaftsordnung und ihrer politischen Kultur sein können (Habermas/Benedictus/Schuller 2006: 33). So treten immer wieder einzelne Religionen und Religionsgemeinschaften als zivilgesellschaftliche Akteure auf und übernehmen hierbei Aufgaben der politischen Sozialisation. Dieses zivilgesellschaftliche Engagement würde nachlassen, so das Argument von Habermas, wenn Religionsgemeinschaften sich stets (zuerst) darum bemühen müssten, für ihre religiösen Äußerungen eine adäquat säkulare, also allgemeinzugängliche Sprache zu finden.

Neben diesem Argument lässt sich ein zweiter, *empirischer Einwand* anführen. Der Forderung eines allseits teilbaren öffentlichen Vernunftgebrauchs, wird hierbei das Unvermögen religiöser StaatsbürgerInnen hinsichtlich ihrer Übersetzungsfähigkeit entgegengebracht: Der Einspruch resultiert aus dem Gedankengang, dass „viele Bürger, die aus religiöser Sicht zu politischen Fragen Stellung nehmen, gar nicht kenntnis- und einfallsreich genug sind, um dafür säkulare, von ihren authentischen Überzeugungen unabhängige Begründungen zu finden" (Habermas 2005: 132). Demnach seien religiöse Bürger nicht in der Lage, diese Übersetzungsleistung (alleine) zu erbringen.

Die grundsätzlichen Bedenken sind allerdings *normativer* Natur. Für Habermas ist die Religion nicht bloße Doktrin, sondern vielmehr existentielles Leitmotiv lebensalltäglicher Handlung. Gerade weil das Öffentlichkeitsverständnis, welches religiöse Argumente für unzulässig im Bezug auf öffentliche Diskurse erachtet, nicht (an-)erkennt, dass „[d]er Fromme seine Existenz ‚aus' dem Glauben [vollzieht]" und wahrer Glaube eine „Energiequelle [darstellt], aus der sich performativ das ganze Leben des Gläubigen speist", entgeht diesem auch, dass die Trennung zwischen religiösen und säkularen Argumentationsformen und die erzwungene Übersetzungsleistung im Rahmen der politischen Öffentlichkeit nicht nur eine unechte Aufspaltung des Bewusstseins, sondern auch eine „säkularistische Überverallgemeinerung" darstellt (Habermas 2005: 133ff.).

Im Gegensatz hierzu plädiert Habermas für eine postsäkulare Gesellschafts- und Öffentlichkeitsordnung, „die sich [nicht nur] auf das Fortbestehen religiöser Gemeinschaften in einer sich fortwährend säkularisierenden Umgebung einstellt" (Habermas 2001: 13), sondern darüber hinaus von der normativen Erkenntnis geleitet ist, dass „[i]n der postsäkularen Gesellschaft (...) die Modernisierung des öffentlichen Bewusstseins phasenverschoben religiöse wie weltliche Mentalitäten erfasst und reflexiv verändert". Beide Seiten könnten demnach, so Habermas weiter, „wenn sie die Säkularisierung der Gesellschaft gemeinsam als einen komplementären Lernprozess begreifen, ihre Beiträge zu kontroversen Themen in der Öffentlichkeit dann auch aus kognitiven Gründen gegenseitig ernstnehmen" (Habermas/Benedictus/Schuller 2006: 33).[13] Um

---

13 Religion kann nach Habermas durchaus als Bündnispartner in Momenten einer entgleisenden Modernisierung fungieren: „Im Gegensatz zur ethischen Enthaltsamkeit eines nachmetaphysischen Denkens, dem sich jeder generell verbindliche Begriff vom guten und exemplarischen Leben entzieht, sind in heiligen Schriften und religiösen Überlieferungen Intuitionen von Verfehlungen und Erlösung, vom rettenden Ausgang aus einem als heillos erfahrenen Leben artikuliert, über Jahrtausende hinweg subtil ausbuchstabiert und hermeneutisch wachgehalten worden. Deshalb", so Habermas weiter, „kann im Gemeindeleben der Religionsgemeinschaften, sofern sie nur Dogmatismus und Gewissenszwang vermeiden, etwas intakt bleiben, was andernorts verloren gegangen ist und mit dem professionellen Wissen von Experten allein auch nicht wiederhergestellt werden kann – ich meine hinreichend differenzierte Ausdrucksmöglichkeiten und Sensibilitäten für verfehltes Leben, für gesellschaftliche Pathologien, für das Misslingen individueller Lebensentwürfe und die Deformation entstellter Lebenszusammenhänge" (Habermas/Benedictus/Schuller 2006: 31). An anderer Stelle macht er diesen Punkt noch deutlicher und hält fest, dass „[a]uch säkulare

sich jedoch förderlich und konstruktiv an der politischen Öffentlichkeit zu beteiligen, gibt es nach Habermas grundsätzliche Prämissen, die es für die Religion und ihre Argumentationsformen zu beachten gilt. Zunächst müssen diese die Tatsache des religiösen Pluralismus akzeptieren und den Umgang mit fremden beziehungsweise divergierenden religiösen und metaphysischen Weltanschauungen lernen. Um nun konstruktiv und förderlich für die postsäkulare Gesellschaft zu sein, müssen BürgerInnen mit ihren jeweiligen religiösen Inhalten und Argumentationsformen die Spielregeln des modernen Verfassungsstaates akzeptieren, welcher nicht nur auf einer profanen Moral fußt, sondern in dem säkulare Gründe innerhalb politischer Arenen Vorrang genießen. Weiter muss der „Eigensinn des säkularen Wissens" und das „gesellschaftlich institutionalisierte Wissensmonopol wissenschaftlicher Experten" anerkannt werden (Habermas 2005: 143f.).

1.3.2.3 Öffentliche Religion bei José Casanova

Ähnlich wie bei Habermas, findet auch bei Casanova die Beschäftigung zur Thematik der öffentlichen Verortung von Religion vor dem Hintergrund der Entprivatisierung ebendieser statt.[14] Casanovas grundsätzliches Ziel besteht nicht nur darin, „diejenigen Formen von ‚öffentlicher Religion' [zu] definieren, welche in der modernen Welt überhaupt noch möglich sind" (Casanova 1996: 181), sondern hierbei auch zu untersuchen, „welche – funktionalen oder

oder andersgläubige Bürger unter Umständen aus religiösen Beiträgen etwas lernen [können], was z.B. dann der Fall ist, wenn sie in den normativen Wahrheitsgehalten einer religiösen Äußerung eigene, manchmal verschüttete Intuitionen wieder erkennen" (Habermas 2005: 137). Diese Ausdrucksmöglichkeiten und Sensibilitäten hinsichtlich verfehlter Modernisierung gilt es, wenn nötig und möglich, für die praktische Vernunft und für eine moderne und pluralistische Gesellschaft nutzbar zu machen.

14 Sowohl Privatisierung als auch Entprivatisierung moderner Religion stellen für Casanova historische Optionen dar. Dies ist deshalb von Relevanz, da er sich weder für die eine noch andere Konzeptionalisierung im teleologischen Sinne ausspricht: "[T[he privatization of religion is a historical process, a preferred option to be sure, but an option nonetheless. Privatization is preferred internally from within religion as evinced by general pietistic trends, by processes of religious individuation, and by the reflexive nature of modern religion. Privatization is constrained externally by structural trends of differentiation which force religion into a circumscribed and differentiated religious sphere. (...) To claim that we are witnessing a historical process of deprivatization of modern religion does not mean to imply that this is a new, general, historical trend." (Casanova 1994: 39, 223).

disfunktionalen – Rollen die alten und neuen, traditionellen und modernen Religionen in der öffentlichen Sphäre der Zivilgesellschaft spielen könnten“ (Casanova 1996: 190). Mit diesem Grundtenor seiner Untersuchung kritisiert er nicht nur jene Verständnisse von Religion, die letztere häufig vollständig in die private Sphäre verortet sehen möchten, sondern formuliert, von der Entprivatisierung der Religion ausgehend, alternative Konzepte von liberaler Öffentlichkeit. Letzteres gilt ihm als wichtigste Herausforderung (Casanova 2008: 101).

Casanova verneint in seiner Untersuchung keinesfalls die Tatsache, dass Religion eine private Angelegenheit darstellt. Vielmehr hält er eine gewisse Privatisierung in einem doppelten Sinne als konstitutiv für die westliche Moderne:

> "As inaccurate as it may be as an empirical statement, to say that 'religion' is a private affair is nonetheless constitutive of Western modernity in a dual sense. First, it points to the fact that religious freedom, in the sense of freedom of conscience, is chronologically 'the first freedom' as well as the precondition of all modern freedoms. Insofar as freedom of conscience is intrinsically related to 'the right of privacy' (...) and inasmuch as 'the right to privacy' serves as the foundation of modern liberalism and of modern individualism, then indeed the privatization of religion is essential to modernity. There is yet another sense in which the privatization of religion is intrinsically related to modern social order. To say that in the modern world 'religion becomes private' refers also to the very process of institutional differentiation which is constitutive for modernity, namely, to the modern historical process whereby the secular spheres emancipated themselves from ecclesiastical control as well as from religious norms." (Casanova 1994: 40)

Doch keines dieser beiden Momente konstitutiver westlicher Modernität führt nach Casanova dazu, dass Religion ihren Anspruch auf Partizipation im Rahmen öffentlicher Debatten verlieren müsste. Ihm zufolge ist es vielmehr eine gewisse Neigung des liberalen Denkens, die solch einer Annahme Raum bietet. Politische Theorien des Liberalismus gelangen Casanova zufolge gerade deshalb zu einer derartigen Vermutung, da sie entweder Staat, Öffentlichkeit und Politik miteinander verwechseln oder diese, eigentlich separaten Bereiche, als strukturelle Einheit betrachten und „mit der Trennung der Religion vom Staat zugleich deren Entpolitisierung und Beschränkung auf den Privatbereich" vorschreiben (Casanova 1996: 186).

Im Gegensatz hierzu hebt Casanova hervor, dass Religionen durchaus berechtigt sein sollten, an öffentlichen Debatten beziehungsweise am öffentlichen Leben teilzunehmen und ihnen die Möglichkeit, sich im Rahmen öffentlicher Erörterungen einzubringen nicht prinzipiell verweigert werden dürfte. Religionen können moderne Gesellschaften nicht nur dazu nötigen „öffentlich und kollektiv über ihre normativen Strukturen nachzudenken", sondern auch eine Infragestellung und Herausforderung der staats- beziehungsweise marktorientierten Gesellschaftsordnungen leisten. Darüber hinaus stellen Religionen eine Herausforderung für die vorherrschenden individualistisch-liberalen Theorien dar, „die das Gemeinwohl auf die Gesamtsumme persönlicher Präferenzen reduzieren" (Casanova 1996: 209). Ihre wohl wichtigste Aufgabe erfährt Religion in der Öffentlichkeit jedoch darin, öffentlich für den Grundsatz der gesellschaftlichen Solidarität einzutreten (Casanova 1994: 228f.).

Zwar kann die Religion, „falls ihr politische[s] Engagement religiöse Zwistigkeiten schürt, die ihrerseits [wiederum] politische Konflikte verschärfen" (Casanova 1996: 191), für die Öffentlichkeit und Demokratie eine Bedrohung darstellen, doch solange „Religionsgemeinschaften das unumstößliche Recht und die Pflicht des persönlichen Gewissens in moralischen Entscheidungen respektieren, ist es", so Casanova, „durchaus positiv, wenn sie Fragen in die Öffentlichkeit tragen, welche der Liberalismus in die Privatsphäre verwiesen hatte" (Casanova 1996: 200).

1.4 Zwischenfazit

Im Rahmen der liberal-westlichen Narration und Perspektive wird deutlich, dass der Säkularismus sich im europäischen Kontext des 17. und 18. Jahrhunderts entfaltet. Als Antwort auf die religiös motivierten Auseinandersetzungen Europas, versucht der Säkularismus, über die Trennung religiös-säkularer Herrschaftsbereiche und die Etablierung eines allgemein und wechselseitig anerkannten beziehungsweise zugänglichen Diskurs- und Ethikverständnisses in Rahmen der Öffentlichkeit, Frieden und Freiheit zu ermöglichen. Hierbei ist der Säkularismus liberaler Prägung primär um die Formulierung klar abgegrenzter Handlungsbereiche wie

Staat, Öffentlichkeit oder Kirche beziehungsweise Religion und ihrer Grenzen bemüht. Ein zentrales Anliegen ist auch die jeweilige Verhältnisbestimmung zwischen den säkularen und religiösen Kategorien und Sphären im Rahmen der Moderne. Diese Logik spiegelt sich auch in der gegenwärtigen Phase wider. Auch hier wird deutlich, dass eine säkulare Staatsgestaltung zuvorderst um eine Trennung von Religion und religiösen (Macht- und Herrschafts-) Bereichen bestrebt ist. Religion spielt im Rahmen des säkularen Staates, wie aufgezeigt, keinerlei Rolle. Im Kontext der Öffentlichkeit hat sich besonders mit Casanova und dann mit Habermas, eine post-säkulare Wende ergeben. Hatte Rawls im Zusammenhang der öffentlichen Vernunft noch für eine grundsätzliche Trennung zwischen religiösen und säkularen Argumenten plädiert, so konzipiert Habermas und Casanova ein Öffentlichkeitsverständnis, dass einerseits zwar säkular andererseits jedoch dadurch keinesfalls religiös unmusikalisch bleiben muss. Unter Demokratie dienlichen Prämissen kann und sollte die Religion – so beide – im Rahmen der Öffentlichkeit eine Rolle spielen dürfen. Wie ersichtlich wird, besitzt der außereuropäische Kontext im Rahmen liberaler Konzeptionalisierung und Narration keinerlei Anspruch und Geltung. Der grundsätzliche Fokus beschränkt sich auf sozialhistorische Kontexte Europas und ist somit eurozentrisch. Dies soll im Folgenden problematisiert werden.

2. Konturen postkolonialer Kritik[15]

> "Postcolonialism (...) must aim to be something more than a chronological marker (after colonialism) and something less than a global or grand theory. It is perhaps best thought of as a toolkit, a mere set of provisional strategies, protocols and concepts, which arise out of a certain recognition of, and approach to, difference. Needless to say, these tools get amended and reshaped according to the disciplinary contexts and the purposes for which they are used." (Dutton/Gandhi/Seth 1999: 124)

Obwohl sich mit Graham Huggan konstatieren lässt, dass das Wort *poskolonial* in aller Munde ist, scheint eine anerkannte Definition des Begriffs noch immer auszubleiben (Huggan 1993: 130). Jasper Goss stellt sich nach Betrachtung einiger postkolonialer Theoretiker*innen und ihren unterschiedlichen Verständnissen bezüglich Kolonialismus und Postkolonialismus sogar die Frage, "how should one speak of *the* postcolonial" (Goss 1996: 242, Hervorhebung Z.A.). Bart J. Moore-Gilbert zufolge ist diese definitorische Schwierigkeit besonders der Tatsache geschuldet, dass der Postkolonialismus zeitgleich einen chronologischen Moment, eine politische Bewegung und eine intellektuelle Aktivität bezeichnet (Moore-Gilbert 1997: 1). Dies führt nicht nur dazu, dass der Begriff *postkolonial* als ein "*fuzzy concept*" gilt, wie Nikita Dhawan es bemerkt hat (2009a: 9), welcher sich einer akkuraten Markierung entzieht und deshalb konsequenter Weise ungriffig bleiben muss, sondern dass es „mit jedem Jahr schwieriger wird, zu beschreiben, was den Postkolonialismus als Theorierichtung wirklich ausmacht" (Castro Varela/Dhawan 2009: 304). Entsprechend heterogen sind auch die theoretischen wie geographischen Einsatzmöglichkeiten postkolonialer Kritik, welche die gewaltvollen Wissensstrukturen und Repräsentationen kolonialer Diskurse (El-Tayeb 2001; Hall 1992; Loomba 2005; Said 2003; Yegenoglu 1998), die zur Geltung kommenden Rationalitäten und Technologien kolonialer

15 An dieser Stelle sei nochmals darauf hingewiesen, dass im Folgenden weder die postkoloniale Theorie noch ihr Instrumentarium in irgendeiner Ganzheit präsentiert und diskutiert werden soll. Ziel dieses zweiten Kapitels ist es lediglich, ein für die Arbeit relevantes, postkoloniales Theorie- und Instrumentarienverständnis offenzulegen und bereitzustellen. Die hier gewonnen Erkenntnisse sollen dann im dritten Kapitel dieser Arbeit zur Geltung kommen und die liberal-westliche Säkularismuskonzeption beziehungsweise -narration problematisieren helfen.

Macht (Duncan 2007; Mitchell 1988; Scott 1999) wie auch die herrschaft- und machtstrukturierenden Kategorien von *race*, *nation*, *gender* (McClintock 1995; Stoler 1985, 1995) problematisiert haben. Zentral ist hierbei nicht nur der Blick in die koloniale *Vergangenheit*, sondern ebenso die Analyse anhaltender und rekonfigurierter Formen kolonialer *Gegenwart* (Mbembe 2001; Scott 2014; Stoler 2016).

Nichtsdestotrotz lassen sich für die hier zu leistende Kritik gewisse *Konturen* herausarbeiten, die auch wenn unvollständig als postkoloniale Kritik bezeichnet werden sollen. Hierzu zählt zunächst die Einsicht, dass der europäische Kolonialismus keine Nebenhandlung der Moderne darstellt, sondern ein wesentlicher Bestandteil derselben ist (2.1). Entsprechend wird das Narrativ der Moderne dahingehend zu erweitern versucht, dass koloniale Diskurse und Gegebenheiten ernst genommen und in den Erkenntnisprozess hinsichtlich der Formation der Moderne eingebunden werden (Gilroy 1993; Mignolo 1995, 2011). Als ein zweites Element kann Michel Foucault's Diskursbegriff gezählt werden (2.2), der Prominent (und auch in erweiterter Form) für postkoloniale Analysen genutzt worden ist (Bhabha 1994; Hall 1992; Said 2003). Hinzukommen psychoanalytisch und poststrukturell orientierte Arbeiten zum Begriff des Anderen (2.3), die postkoloniale Theoretiker*innen analytisch auf die imperiale und koloniale Situation übertragen haben. Als viertes und für mich relevantes Element gilt Edward Saids Studie zur Konfiguration des Orientalismus (2.4), da sie als exemplarisches Beispiel die drei zuvorgenannten Ebenen (Signifikanz des Kolonialismus, Diskurs und Ver-Anderung) produktiv zusammenbringt. Hinzukommt, das gerade im Rahmen kolonialer Diskurse die Religion der Anderen eine wichtige Rolle spielt, einerseits um ihrer vermeintlichen Andersartigkeit eine Kategorie zu geben, wie zum Beispiel auch Rasse, aber auch um in der Kolonie ordnungsstrukturierend zu wirken, wie im nächsten Kapitel deutlich gemacht wird. Zusammengenommen stellen diese vier Elemente das von mir vorgeschlagene Verständnis von *Konturen postkolonialer Kritik* dar, welches im dritten Kapitel zur analytischen Anwendung kommt.

2.1 Jenseits des Eurozentrismus oder die Einbeziehung des europäischen Kolonialismus in das Narrativ der Moderne

Wie im letzten Kapitel deutlich gemacht, finden liberal- und säkularisierungstheoretische Diskussionen vor einem europäischen Erfahrungsraum statt. In Konsequenz beutetet dies, dass das gängige Narrativ der Moderne nicht nur Europa als ultimatives Subjekt hat, sondern dieses Subjekt unter Ausschluss des Kolonialismus operiert. Üblicherweise finden Auseinandersetzungen um die Genese und Geltung einer europäischen Moderne, die aus eurozentrischer Warte den Prozess der Ausdifferenzierung von Wertsphären, den Fortschritt von Rationalität, Kommunikation wie auch von politische Prozessen bezeichnen, ohne Rekurs auf den europäischen Kolonialismus statt (Bernstein 1985; Gilroy 1993; Habermas 1985). Im Gegensatz hierzu beginnen postkoloniale Analysen nicht mit eurozentrischen Narrativen der Moderne, in denen der europäische Kolonialismus, wenn überhaupt, lediglich als Nebensache auftaucht. Als historisch-analytischer Dreh- und Angelpunkt gilt dem Postkolonialismus hingegen der europäisch-moderne Kolonialismus und seine anhaltende Wirkmächtigkeit.[16] Beides ist aus postkolonialer Perspektive weder als Nebenerscheinung noch als lokale oder marginale Nebenhandlung der Weltgeschichte zu deuten. Vielmehr erhalten der Kolonialismus und seine Folgen im postkolonialen Narrativ nicht nur „den Rang und die Bedeutung eines zentralen, umfassenden, Strukturen sprengenden welthistorischen Ereignisses" (1997: 230), sondern gelten darüber hinaus als „konstitutiver Bestandteil" der Moderne (Reuter/Villa 2010: 18), welcher die weltgeschichtlichen Ereignisse und Konturen maßgeblich bestimmt hat (Ní Fhlathúin 2007: 21). In diesem Zusammenhang sind postkoloniale TheoretikerInnen stets bemüht darauf hinzuweisen, dass der Kolonialismus als ein *globales* Phänomen zu verstehen ist, dessen Wirkung keine Region dieser Erde unberücksichtigt gelassen hat – auch formal nicht kolonisierte. Nicht nur für Großbritannien und Indien lassen sich dem-

16 Als das dezidiert *moderne* am europäischen Kolonialismus wird an dieser Stelle zweifaches verstanden: Einerseits das „intime Verhältnis" zwischen Kolonialismus und Kapitalismus, dass Europa auf partikulare Weise artikuliert hat (Dirlik 2002: 441) und andererseits die Ökonomien und Techniken der Macht, mit denen Formationen des europäischen Kolonialismus die *Neue Welt* kolonisiert und inkorporiert haben (Mitchell 1988; Scott 1999).

nach koloniale Beziehungen aufzeigen, sondern koloniale Diskurse haben auch in formal nie kolonisierten Ländern eingehende Spuren hinterlassen (Eckert/Randeria 2009: 3; Castro Varela/Dhawan 2005: 11).

Die Annahme, dass die begriffliche Zusammensetzung des Postkolonialismus (also *Post* und *Kolonialismus*) darauf hindeutet, dass sowohl der Kolonialismus als auch seine Konsequenzen ein abgeschlossenes Kapitel globaler Geschichte darstellen und folglich als "matter of the past" betrachtet werden könnten, wie zum Beispiel Ella Shohat in ihrer kritischen Diskussion um den Begriff *post*kolonial geäußert hat (Shohat 1992: 105), wird an dieser Stelle nicht geteilt.[17] Durchaus wird es als sinnvoll erachtet, *post-kolonial* (mit Bindestrich) als ein Moment historischer Periodisierung zu verstehen, welcher einerseits auf die heterogenen Dekolonisierungsprozesse im Kampf um Unabhängigkeit hinweist beziehungsweise andererseits die jeweiligen Verläufe und Konsequenzen herauszuarbeiten versucht und hierbei stets kontextsensibel vorgeht, das heißt, von Land zu Land differenziert und spezifiziert. Seit den 1970er und 1980er Jahren hat sich jedoch eine bedeutsame Veränderung des Begriffs *post-kolonial* ergeben, die der Einsicht geschuldet ist, dass „koloniale Macht nicht nur politisch und ökonomisch, sondern auch diskursiv über das (westliche) Wissenssystem ausgeübt wird“ (Reuter/Villa 2010: 19), welches auch nach formalen Dekolonisierungsprozesses als koloniales Erbe erhalten und bestehend geblieben ist. Über diese Erkenntnisse konfiguriert sich postkolonial (ohne Bindestrich) und zielt nicht auf eine Periodisierung dekolonialer Kämpfe ab. Postkoloniale Ansätze postulieren demnach keinesfalls das Ende kolonialer Verhältnisse, sondern versuchen zum einen die Erfahrungen und Ereignisse des Kolonialismus und zum anderen das veränderte beziehungsweise verschobene und komplexe Weiterwirken kolonialistischer Strukturen herauszuarbeiten (Mishra/Hodge 2005: 377, 379). In Anbetracht dieser (Be-)Deutung von postkolonial kann der Postkolonialismus zwar als etwas betrachtet werden, das *nach* dem Kolonialismus

[17] Für eine kritische und problematisierende Auseinandersetzung zum Postkolonialismus vgl. besonders Shohat (1992), McClintok (1992), Ahmad (1992) und Dirlik (1994). Für die Diskussion und Erwiderung gewisser Argumente und Kritiken vgl. Hall (1997). Allgemein zur Temporalität innerhalb postkolonialer Kritik sind in den letzten Jahren wichtige Arbeiten entstanden. Vgl. hierzu zum Beispiel Mbembe (2001), Scott (2014), Stoler (2016), West-Pavlov (2012, 158-174).

existiert, hierbei jedoch das koloniale Erbe in veränderter Form zu thematisieren sucht. Deshalb gilt es unterstreichend zu erwähnen, dass das Interesse postkolonialer Ansätze demnach gerade „in der Thematisierung des *Fortbestehens* und *Nachwirkens* einer Vielzahl von Beziehungen und Effekten kolonialer Herrschaft [liegt]" (Conrad/Randeria 2002: 24, Hervorhebung Z.A.). Folgerichtig ist es, dass sie die heutige Welt daher nach wie vor von „imperialen und neokolonialen Herrschaftsverhältnissen und kulturellen Beziehungen [geprägt sehen], welche die alten Asymmetrien reproduzieren und verfestigen" (Conrad/Randeria 2002: 24). Diese Bedeutungsverschiebung von postkolonial, die versucht in ihrer Bedeutung über einen historischen Augenblick hinauszugehen und hierbei sowohl auf das Weiterwirken kolonialer und imperialer Strukturen und Muster aufmerksam macht als auch eine Widerstandsform in Bezug auf eben diese darstellt, geht mitunter auf die Rezeption französischer Poststrukturalisten zurück (Castro Varela/Dhawan 2005: 24). Hierbei änderte sich der imperialismuskritische Epochenbegriff (*post-kolonial*) zu einem politisch-programmatischen und diskurskritischen (postkolonial) (Bachmann-Medick 2006: 184ff.).

Ein für die Arbeit zentraler Aspekt postkolonialer Beschäftigung ist die kritische Auseinandersetzung mit einer universal gedachten europäischen Moderne und der stetige Versuch, diese Universalisierung zu provinzialisieren (Gandhi 1998: 42ff.). Dieses „Projekt", wie Dipesh Chakrabarty es nennt, hat weder eine „simple und pauschale Ablehnung von Moderne, liberalen Werten" oder der „Vernunft" noch die Konstruktion und Verteidigung eines „kulturellen Relativismus" im Sinn. Auch werden hierbei keinesfalls lediglich nationale, nativistische oder atavistische Programme angestrebt (Chakrabarty 2002: 305f.). Vielmehr ist diese Provinzialisierung nach Chakrabarty jener Versuch, der eurozentristisch formulierten hegemonialen Moderne, welche Europa durchweg als „Subjekt aller Geschichte" und „stillschweigende[n] Maßstab" versteht, entgegenzutreten und eine Entkräftung beziehungsweise Dekonstruktion dieser machtvollen Positionierung zu tätigen (Chakrabarty 2002: 283f.).[18]

[18] Die grundsätzliche und schwerwiegende Problematik die daraus entsteht, dass Europa sich als stillschweigender Maßstab und Subjekt aller Geschichte versteht, ist, dass die „Geschichten [aber auch Kulturen oder Religion, Z.A.] anderer Gesellschaften (...) im Hinblick auf ihre Abweichung von einer universell und idealtypisch gedachten westlichen Entwicklungslinie

In Abgrenzung zu einer rein europäischen beziehungsweise eurozentrischen Wahrnehmung, die sowohl historisch als auch gesellschaftspolitisch auf innereuropäische Prozesse und Erfahrungen beschränkt bleibt, wird aus postkolonialer Perspektive der Kolonialismus stärker in die Analyse der Moderne gerückt. Nicht nur das Aufkommen und die Durchsetzung der Moderne sind nach postkolonialer Auffassung ohne Rückgriff auf den europäischen Kolonialismus nicht adäquat zu verstehen, sondern bilden vielmehr eine historisch-analytische Einheit:

> "Modernity is the Aesopian name for a violent historical process in which colonialism, genocide, and ecocide went hand in hand (...). In the 1940s and 1950s of the twentieth century cultural critics argued that whoever wants to speak about Nazism and Facism must also speak of capitalism. Today, whoever wants to talk about modernity must talk about colonialism and the cultural and ethnic devastation that came along with European imperialsm." (Mendieta 2009: 235)

Die Moderne wird hierbei nicht bloß als ein Projekt oder eine Ideologie begriffen, die ihre Genese ausschließlich im Kontext der europäischen Aufklärung erfahren hat, sondern in erheblicher Beziehung mit der europäischen Expansion und ihrer Geschichte steht (van der Veer 1998: 285). Um die historischen und gesellschaftspolitischen Erfahrungen und Prozesse außereuropäischer Kontexte adäquat in die Analyse einer universalen Moderne einzugliedern – und somit dazu durchzudringen, „den marginalisierten postkolonialen Subjekten eine Stimme zu verleihen" (Barskanmaz 2009: 362) – wird im Hinblick auf die moderne Kondition eine „interaktionistische" und „relationale" Perspektive stark gemacht (Randeria

geschrieben [werden]. Damit wird den nichtwestlichen Gesellschaften aber nicht nur die eigene Geschichte, sondern auch jede Zukunft abgesprochen, die nicht die des Westens widerspiegelt. Da die westliche Erfahrung den Maßstab für Normalität und Universalität vorgibt, können alle anderen historischen Erfahrungen nur als pathologisch und partikular betrachtet werden. Letztere werden nicht im Hinblick auf ihre Besonderheit verstanden, sondern im Hinblick auf das Fehlen der aus europäischen Erfahrung abstrahierten Merkmale. Aus diesem Grunde werden nichtwestliche Gesellschaften zumeist nicht im Hinblick auf das analysiert, was sie sind, sondern auf das, was sie nicht sind (...). Die daraus folgende Mythologisierung der westlichen Erfahrung macht diese ahistorisch und verwehrt damit sowohl westlichen als auch nichtwestlichen Gesellschaften ihre Geschichte" (Randeria 2000: 90f.).

2000: 91). Die Betonung auf Interaktion und Verflechtung soll jedoch nicht zu einer „Umkehrung des Eurozentrismus" führen (Conrad/Randeria 2002: 18). In erster Linie soll vielmehr die Konstruktion der binären Opposition zwischen nichtwestlichen und westlichen Gesellschaften aufgelöst werden, indem der Westen de-zentriert und „die teleologischen Erzählungen der Moderne und Modernisierung kompliziert und ihre Gewißheiten und selbstgenügsamen Paradigmen in Frage gestellt werden" (Conrad/Randeria 2002: 14). Postkoloniale Kritik richtet sich folglich nicht gegen den Westen oder die Moderne *per se*, sondern vielmehr gegen die vergessenen, verdrängten und somit unterprivilegierten Ereignisse und Erfahrungen an den Rändern der westlichen Moderne, nämlich die des modernen Kolonialismus und seines Erbes. Folglich wird die Thematisierung jener marginalisierten Moderne-Narration(en) und -Erfahrung(en), die in erster Linie ein Ergebnis westlicher und nicht-westlicher Interaktion darstellen und über die Formulierung partikularer Rationalismus-, Humanismus- und Universalismuskonzepte gewaltvolle Potentiale und Effekte hervorzubringen wussten gefordert (Mbembe 2008).[19] Somit sollen nicht nur Ambivalenzen und Widersprüche, Gewaltanwendungen

[19] Die markierte Trennung zwischen einem Westen und seinem nicht-westlichen Gegenstück stellt eine zentrale Figur innerhalb der postkolonialen Theorie dar. Hierbei gilt es jedoch zu beachten, dass diese Trennung weder eine Homogenität des Westens oder Nicht-Westens impliziert, noch von einer Festigkeit dieser Figuren ausgeht. Vielmehr geht es um die Praktiken, die sich über diese Begrifflichkeiten tätigen und zirkulieren, festigen oder lösen: "[T]he use of binary distinctions does not necessarily presuppose that the things so divided are in themselves unified or homogeneous or permanently set ("monolithic"). All it implies is that in some important sense they stand counterposed to each other. (...) Because that binary distinction is to be made in relation to a transformative social project, I (...) hold that there is a Western discourse on the non-West – that is to say, representations inserted into practices directed at transforming the non-West – which is massively dependent on accumulating knowledge about the non-Western world in order to carry out that project. I argue that as social knowledge integral to social power, these representations are not deplorable expressions of psychological states (bigotry, arrogance, xenophobia) but elements essential to the restructuration of social and moral institutions. (...) It requires that [we] focus on the *practices* by which European politicians, bankers, military men, and journalists construct their civilizational identity as Western and universal in relation to the rest of the world. (Asad 1993: 34ff., Hervorhebung im Original).

und Tragödien einer universalen Vorstellung von Moderne aufgezeigt und artikuliert werden, sondern auch die klar geordnete Chronologie und Narration einer hegemonial konfigurierten und funktionierenden westlichen Moderne herausgefordert und dekonstruiert werden.

Um diesem Anspruch gerecht zu werden, wird der Kolonialdiskurs als zentraler Gegenstand der Auseinandersetzung beziehungsweise der Dekonstruktion betrachtet. Dieser generiert nicht nur das westliche Selbst und das nicht-westliche Andere, sondern strukturiert gleichzeitig die herrschaftlichen Verhältnisse in der (Post-)Kolonie. Einerseits geht der Kolonialdiskurs dem Kolonialismus voraus, andererseits wird dieser durch die konkreten Kolonialerfahrungen strukturiert beziehungsweise strukturiert eben diese. Bevor ich mich jedoch näher mit dem kolonialen Diskurs und der darin enthaltenen gewaltvollen Repräsentation des Anderen auseinandersetze, möchte ich im Vorfeld das Diskursverständnis von Michel Foucault und die Idee des prinzipiell Anderen darstellen. Dies scheint mir gerade deshalb geboten, da sowohl das Foucault'sche Diskursverständnis als auch die Konzeptionalisierung des dezidiert Anderen einer postkolonialen Betrachtungen des Kolonialismus und seiner Diskurse vorausgehen.

2.2 Diskurs bei Michel Foucault und das Zusammenspiel von Wissen und Macht

Im Zusammenhang der politischen Theorie und Ideengeschichte lassen sich gemeinhin zwei unterschiedliche Diskursverständnisse ausmachen. Zum einen das normativ-kritisch orientierte Diskursverständnis von Jürgen Habermas und zum anderen das genealogisch-kritische Diskursverständnis von Michel Foucault. Ersteres versteht sich als eine rationale Art der herrschaftsfreien Kommunikation und demnach als „ein Prozess intersubjektiver, auf Verständigung ausgerichteter Meinungsbildung (...), in dessen Verlauf die Diskursteilnehmer in reflexiver Weise strittige Geltungsansprüche klären" (Nonhoff 2004: 67). Im Gegensatz zu dieser diskursiven Konsensustheorie von Habermas, die als ein Verfahren geregelter Argumentation verstanden werden kann, deren primäres Ziel die „praktische Wahrheitsfindung in einem von Vernunft dominierten politischen Prozess [darstellt und der demnach ständig] um unbeschränkte demokratische Deliberation" (Kerchner 2006:

36) bemüht ist, setzt der Foucault'sche Diskursbegriffs seine Akzente an anderer Stelle.

Der Begriff Diskurs bezeichnet in der französischen Auseinandersetzung den Zusammenhang zwischen Sprache und Denken. Auch Foucault steht in dieser Traditionslinie, die von Gaston Bachelard und Georges Canguilhem geprägt wurde. Für Foucault ist der Diskurs deshalb auch keine vernünftige und idealisierte Kommunikationsbedingung, die dem Zweck eines herrschafts- und machtfreien Resultats dienlich ist. So wird man Foucault zufolge darauf verzichten, „im Diskurs ein Phänomen des Ausdrucks zu sehen" (Foucault 1981: 82). Der Diskurs ist nach Foucault deshalb auch „nicht die majestätisch abgewickelte Manifestation eines denkenden, erkennenden und es aussprechenden Subjekts" (Foucault 1981: 82). Er stellt vielmehr ein System von Wissen dar, welches fortwährend über sprachliche und zum Teil auch nichtsprachliche Muster Bedeutung erzeugt. Obwohl Foucault in *Die Archäologie des Wissen* insgesamt drei verschiede Diskursverständnisse herausarbeitet, entscheidet er sich dazu, den Diskurs als eine bestimmte „Menge von Aussagen, die einem gleichen Formationssystem zugehören", zu definieren, dessen sich historisch wandelnde Strukturen das heute Sagbare ordnen (Foucault 1981: 156).[20] Der Diskurs ist demnach eine besondere und geordnete Art von Aussagen, die Wissen über einen Gegenstand erzeugen beziehungsweise zu einer bestimmten Art und Weise des Sprechens über diesen Gegenstand führen. Hierbei gilt es zu beachten, dass „[w]enn innerhalb eines besonderen Diskurses Aussagen über ein Thema getroffen werden, dieser Diskurs [es ermöglicht], das Thema in einer bestimmten Weise zu konstruieren. Er begrenzt [dabei] ebenfalls die anderen Weisen, wie das Thema konstruiert werden kann" (Hall 1994: 150). Der Diskurs steht bei Foucault zwar für die Bildung von Wahrheit, jedoch keine, die sich aus einem ra-

[20] „Unter Formationssystem muß man (...) ein komplexes Bündel von Beziehungen verstehen, die als Regel funktionieren: Es schreibt das vor, was in einer diskursiven Praxis in Beziehung gesetzt werden mußte, damit diese sich auf dieses oder jenes Objekt beziehet, damit sie diese oder jene Äußerung zum Zug bringt, damit sie diesen oder jenen Begriff benutzt, damit sie diese oder jene Strategie organisiert. Ein Formationssystem in seiner besonderen Individualität zu definieren, heißt also, einen Diskurs oder eine Gruppe von Aussagen durch die Regelmäßigkeit einer Praxis zu charakterisieren" (Foucault 1981: 108).

tionalen und reziproken Prozess, sondern vielmehr aus den Denksystemen der Geschichte ableitet, formiert und hierbei soziale Ordnung konstruiert und *macht.* Die historische Dimension der diskursiven Formation ist hierbei zentral, konstituiert sie nach Foucault doch die Werte und Wahrheiten einer jeden sozialen Wirklichkeit und somit die Möglichkeitsbedingungen des Sagbaren sowie Begrenzungen des Unsagbaren (Frank 2004: 145). Dieser historisch generierte Diskurs ist bei Foucault nicht nur durch das *Auftauchen einer Aussage* an einem Ort und einem Zeitpunkt und durch die hierzu gehörige *Positionierung von sprechenden Subjekten* charakterisiert, sondern gleichermaßen durch die *Beziehung und beständige Wiederholung der Aussagen* innerhalb einer diskursiven Formation (Kercher 2006: 48ff.). Während die beiden erstgenannten Merkmale darauf hinweisen, dass ein Diskurs in verschiedenen institutionellen Umfeldern (wie Familie, Schule oder Universität) und von vielen Individuen produziert werden kann und dass, obwohl der Diskurs nicht von einem bestimmten Ort oder Sprecher ausgeht, er dennoch Diskurspositionen konstruiert, denen der Teilnehmer sich zwangsläufig unterzuordnen hat, lässt der letzte Punkt deutlich werden, dass die Aussagen einer diskursiven Formation nicht unbedingt alle deckungsgleich – also auch widersprüchlich – sind, jedoch regelmäßig und somit systematisch sein müssen (Hall 1994: 150f./Kerchner 2006: 49). Obwohl der Diskurs aus sprachlichen Zeichen besteht, liegt die diskursive Funktion dieser Zeichen nicht lediglich darin, Gegenstände zu *bezeichnen.* Vielmehr bringen Diskurse Gegenstände *hervor*:

> „‚Diskurse' [sind], so wie man sie hören kann und so wie man in ihrer Textform lesen kann, nicht, wie man vielleicht erwarten könnte, eine reine und einfache Verschränkung der Dinge und der Wörter (...). [I]ch möchte zeigen, daß der Diskurs keine dünne Kontakt- oder Reibefläche einer Wirklichkeit und einer Sprache, die Verstrickung eines Lexikons und einer Erfahrung ist; (...) Eine Aufgabe, die darin besteht, nicht – nicht mehr – die Diskurse als Gesamtheit von Zeichen (von bedeutungstragenden Elementen, die auf Inhalte oder Repräsentation verweisen), sondern als Praktiken zu behandeln, *die systematisch die Gegenstände bilden, von denen sie sprechen.* Zwar bestehen diese Diskurse aus Zeichen; aber sie benutzen diese Zeichen für mehr als nur zur Bezeichnung der Sachen" (Foucault 1981: 74, Hervorhebung Z.A.).

Dies geschieht im Foucault'schen Sinne folglich nicht, weil sie den materiellen Gegenstand als solchen produzieren, sondern weil sie ihn als Gegenstand *mit* einer bestimmten Bedeutung für den Gebrauch verfügbar machen.[21] In diesem Sinne ist es angebracht den Foucault'schen Diskurs als einen dynamischen Prozess zu verstehen, in dem die Verknüpfung von Zeichenfolgen oder Äußerungen miteinander und mit Gegenständen dazu führt, „dass diese Gegenstände in einer bestimmten Bedeutung und damit auch bestimmte Formen des Wissens überhaupt erst produziert werden" (Nonhoff 2004: 71). Das Wissen, welches sich demnach über den Diskurs formiert und konstruiert, ist nicht nur erheblich mit Macht verwoben und durch diese entstanden, sondern auch selbst ein System, durch das Macht zirkuliert (Ruoff 2007: 99, 236ff.).

Der Diskurs und die Produktion von Wissen sind in diesem Foucault'schen Sinne keine (wert-)neutralen, interessenlosen und unschuldigen Praxen, sondern durchaus Gegenteiliges. Das Wissen, welches durch die diskursive Praxis konstruiert wird, führt nicht nur, wie gezeigt wurde, zu einer *bestimmten* Sprechweise vom Gegenstand, sondern auch zu einer *bestimmten* Haltung und Praxis dem Gegenstand gegenüber, da es diesen erst mit einer partikularen Bedeutung anreichert (und somit erst produziert). Dieses historisch geprägte Zusammenspiel von Wissen und Macht, dass Foucault ›Diskurs‹ nennt und das er mit Sinn- und Bedeutungsproduktion verbunden sieht, wird im Laufe der Arbeit am Beispiel des Kolonialismus konkretisiert. Postkoloniale TheoretikerInnen haben auf diese Punkte hingewiesen und diese immer wieder herauszuarbeiten versucht. Der koloniale Diskurs kann im Anschluss an das Foucault'sche Diskursverständnis daher keinesfalls als eine neutrale und unschuldige Praxis verstanden werden, die objektives Wissen produziert, sondern muss als eine gewaltvolle Bedeutungsproduktion gedeutet werden, die der materiellen Situation in der Kolonie sowohl vorausgeht als auch diese mitgestaltet. Hierbei stellt vor allem die Idee eines indigenen Anderen, eine zentrale Kategorie dar. Bevor ich nun den kolonialen Diskurs thematisiere, soll im Folgenden die Idee des Anderen betrachtet werden.

---

[21] Foucault hält in diesem Zusammenhang auch fest, dass „Diskurspraktiken keine bloßen Formen der Herstellung von Diskursen [sind]. Sie nehmen Gestalt an in technischen Komplexen, in Institutionen, in Verhaltensmustern, in Vermittlungs- und Verbreitungsformen, in pädagogischen Formen, die sie aufzwingen und aufrechterhalten" (Foucault zitiert nach Ruoff 2007: 95).

2.3 Von Anderen, *Ver-Anderungen* und dem Selbst

> "Wherever there is 'Other-talk', we are always dealing, explicitly or implicitly, with the identitarian binome 'Self-and-Other', as constructed and deciphered from the viewpoint of some first person subject, singular or collective – some represented or implied 'I' or 'we'. " (Gifford 2010: 13)

In einem allgemeinen Sinne ist der Andere zunächst jemand, der getrennt von einem Selbst wahrgenommen und identifiziert werden kann. Dieser Andere ist insofern interessant, da er für die Herausbildung der eigenen Identität beziehungsweise Normalität eine zentrale Rolle einnimmt. Das Selbst konzeptionalisiert sich nämlich nicht aus sich selbst heraus, sondern artikuliert sich über den Prozess einer kontinuierlich produzierten Trennung und Grenzziehung zwischen dem Eigenen und (s)einem Außen beziehungsweise Anderen (Zuckermann 2006: 244). Die Konstitution der eigenen Identität ist folglich auch immer die Etablierung und Durchsetzung einer Grenze, hinter jener *der* Fremde und *das* Befremdliche seinen Platz hat (Browning/Christou 2010: 110). Die Konstruktion und Repräsentation dieses Anderen kann dabei als eine Produktion von Bildern und Vorstellungen verstanden werden, die gemessen am Eigenen, anderen Menschen nach wirklichen oder zugeschriebenen Eigenschaften kategorisiert. Wichtig hierbei ist also die Dialektik zwischen dem Selbst und dem Anderen, in dem das Selbst in Distinktion zum Anderen existiert (Miles 1999: 19). Hieraus wird ersichtlich, dass der konstruierte und repräsentierte Andere nicht nur eine nach außen gerichtete Kategorie darstellt, sondern dass diese gleichermaßen immer auch die eigene Identität mitgestaltet und konstruiert. Über ein dialektisches Verhältnis konfiguriert und systematisiert sich folglich das Selbst und positioniert sich zu seinem Anderen oder Fremden. Auch auf der sozialen Ebene existiert dieser – vom Selbst getrennte – Andere. In diesem theoretischen Zusammenhang nimmt der Andere nicht von Natur aus eine befremdliche Rolle ein, sondern wird vielmehr zu einem befremdlich *seienden* Anderen *gemacht*:

> „Denn der Fremde ist ein Konstrukt jener Gruppe, die ihn als fremd wahrnimmt und bezeichnet, und gewinnt erst in dieser Identifikation als Gegen-Bild, Fremd-Bild, als Ab-Norm oder Symbol des Wider-Sinns seine Bedeutung. Nicht schon die bloße Differenz, sondern erst die als *relevant wahrgenommene*

> Differenz konstituiert das, was für gewöhnlich als fremd beschrieben wird“ (Reuter 2002: 13, Hervorhebung im Original).

Die Funktion dieser Differenz zwischen dem Selbst und dem Anderen auf gesellschaftspolitischer Ebene liegt besonders in der Dienlichkeit als Distinktionsmittel und der Subordination. Während das Selbst und seine Attribute eine Privilegierung erfahren, werden die Anderen und ihre Charakteristika im Rahmen eines hierarchisch strukturierten Dualismus einer Abwertung unterzogen (Cahoone 2003: 11). Dem Denken und Handeln Anderer wird somit nicht nur eine von *uns* unterscheidbare Logik zugesprochen, die *sie* von *uns* unterscheidet – und folglich Dichotomien wie *Orient und Okzident* oder *Islam und Christentum* entstehen lässt –, sondern diesen Anderen und ihrer Logik wird jegliche Rationalität abgesprochen, so dass eine Subordination überhaupt möglich wird (Schiffauer 1996: 50; King 1999: 26). Der Konstruktion eines Anderen folgt demzufolge eine Ver-Anderung, ein *othering*. Gemeint ist damit in erster Linie ein komplexer Prozess des Anders- beziehungsweise Fremdmachens. Im Rahmen der postkolonialen Theorie haben besonders Theoretiker*innen wie Mary Louise Pratt und Gayatri Spivak, die Mechanismen der Repräsentation und Ver-Anderung kritisch betrachtet. Die Repräsentation zu homogenen und monolithischen Blöcken, die sich sowohl fremd als auch gegensätzlich sind, so haben sie kritisch herausgearbeitet, ist ein zentraler Faktor der Ver-Anderung: “The people to be othered,” hält Pratt fest, “are homogenized into a collective ‘they’ which is distilled even further into an iconic ‘he’ (the standardized adult male specimen). This abstracted ‘he’/’they’ is the subject of verbs in a timeless present tense, which characterizes anything ‘he’ is or does not as a particular historical event but as an instance of a pregiven custom or trait.” (Pratt zitiert aus Ashcroft/Griffiths/Tiffin 1998: 172f.) Der Begriff des *othering*, den auch Pratt verwendet, wurde maßgeblich von Gayatri Spivak geprägt. Spivak hat damit auf den diskursiven Prozess des *Anders- beziehungsweise Fremdmachens* im Rahmen des kolonialen Diskurses aufmerksam gemacht. Der koloniale Diskurs versteht sich hierbei nicht als eine naive oder rein theoretische Praxis, sondern als gewaltvolles Instrument das seine kolonialen Subjekte als jeweils Andere konstituiert. Für den kolonialen Zusammenhang haben Spivak’s Arbeiten ihren Fokus besonders auf die so genannte *Dritt-Welt Frau* gelegt, welche ihre weibliche Subjekt-Konstituierung über die ideologischen Mechanismen imperialistischer Verengengung und hinduistischer Manipulation erfahre. „Zwischen [hinduistischen] Patriarchat und [europäischen] Imperialismus", so Spivak, verschwinde die Figur der Frau „in eine gewaltförmige Pendelbewegung, die in der verschobenen Gestaltwerdung der zwischen Tradition und Modernisierung gefangenen ‚Frau der Dritten Welt' besteht" (Spivak 2008: 98, 101). Da das Zuhören in dieser Situation hegemonial strukturiert sei, stoße sie weder in der Ersten noch in der Dritten Welt auf Zuhörerschaft und bleibe folglich nicht nur verdrängt oder vergessen, sondern vor allem sprachlos (Spivak 1984, 2008).

Diskurse über vermeintlich Andere oder auch Fremde hat es immer wieder gegeben. Deshalb ist die Konstruktion und Repräsentation eines Anderen keinesfalls als ein rein koloniales Phänomen zu denken und somit auch nicht aus ebendieser Zeit hervorgegangen. Ein bekanntes Beispiel ist die Darstellung beziehungsweise Repräsentation des Islam im Rahmen des mittelalterlichen Diskurses (Kabbani 1986: 5; Said 2003). Auch damals schon war die „Selbstformung westlicher Subjektivität von ihrer Repräsentation eines nicht-westlichen – schwarzen, orientalischen, asiatischen etc. – Anderen" abhängig (Reckwitz 2008: 96). Während im prä-kolonialen Kontext dieser Prozess jedoch vorwiegend für die eigenen identifikatorischen Zwecke gebraucht wurde und der (nicht-westlich) Andere, geographisch gesprochen, sich (n)irgendwo aufhalten konnte, definierte die diskursive Praxis im kolonialen Kontext nicht irgendwelche und sich irgendwo befindenden *niederen* Kulturen und Zivilisationen, sondern vielmehr jene, die es aus zivilisatorischen Gründen zu kolonialisieren galt. Während hierbei einerseits eine kontinuierliche Trennung und Grenzziehung zwischen Kolonisierenden und Kolonisierten getätigt wurde, konnte hierdurch andererseits die kulturelle Natürlichkeit und Vorrangigkeit ersterer grundsätzlich behauptet werden (Ashcroft/Griffiths/Tiffin 1998: 169).

Obwohl der Begriff des Anderen besonders im Rahmen der existentialistischen Philosophie Verwendung findet und zur Geltung kommt, geht sein postkolonialer Gebrauch besonders auf die psychoanalytische Subjektformation zurück.[22] Hervorzuheben

[22] Vgl. Thomas Wartenberg (2008, Kapitel 3 für existentialistische und Kapitel 8 für eine postkoloniale Beschäftigung) und Diana Fuss (1994) für eine postkoloniale Verwendung dieser Kategorie bei Frantz Fanon.

sind hier die Arbeiten von Jacques Lacan. Auch wenn die Lacan'sche Verwendung zwischen einem (symbolischen) *Anderen* und einem (imaginären) *anderen*, von postkolonialen Theoretikerinnen und Theoretikern nicht punktgenau übernommen und in die eigenen Auseinandersetzungen aufgenommen wird, scheint mir eine Darstellung dennoch sinnvoll.

Der *andere* – mit einem kleinen *a* – entsteht Lacan zufolge in der kleinkindlichen Phase des Spiegelstadiums. Der gespiegelte andere, dem das Kleinkind im Spiegelstadium gegenübersteht und im Spiegel wahrnimmt, wird – obwohl ähnlich – als vom Selbst getrennt und entfremdet wahrgenommen. Dieser Zustand trägt dazu bei, dass sich bei dem Kleinkind eine Hoffnung nach Herrschaft gegenüber dem imaginären Rivalen auftut, welche wiederum die Basis für das Ego darstellt (Boons-Grafé 1998: 297). Im postkolonialen Zusammenhang kann sich dieser Lacan'sche *andere* sowohl auf den Kolonisierten als auch auf die koloniale Herrschaft beziehen (Ashcroft/Griffiths/Tiffin 1998: 170).

Der *Andere* hingegen – mit einem großem *A* – stellt die symbolische Ordnung der Sprache dar, innerhalb derer sich das Subjekt begreift. Dieser Andere meint weniger einen realen Gesprächspartner, obwohl dieser durch andere Subjekte verkörpert werden kann, sondern vielmehr die Anwesenheit eines absoluten Bezugsrahmen. Dieser absolute Bezugsrahmen ist nach Lacan jene Größe, in der das Subjekt überhaupt fähig ist zu existieren beziehungsweise sich zu artikulieren (Boons-Grafé 1998: 298). Wenden wir uns der postkolonialen Einbettung zu, wird dieser Aspekt noch deutlicher:

> "Fundamentally, the Other is crucial to the subject because the subject exists in its gaze. (...) This Other can be compared to imperial centre, imperial discourse or the empire itself, in two ways: firstly, it provides the terms in which the colonized subject gains a sense of his or her identity as somehow 'other', dependent; secondly, it becomes (...) the ideological framework in which the colonized subject may come to understand the world. (...) The ambivalence of the colonial discourse lies in the fact, that *both* these processes of 'othering' occur at the same time, the colonial subject being both, a 'child' of empire and a primitive and degraded subject of imperial discourse. The construction of the dominant imperial *Other* occurs in the same

process by which the colonial *others* come into being." (Ashcroft/Griffiths/Tiffin 1998: 170f., Hervorhebung im Original)

Sowohl der weiter oben skizzierte Diskursansatz von Foucault als auch die (psychoanalytischen) Konzeptionalisierungen eines Anderen, stellen zentrale theoretische Vorbedingungen einer postkolonialen Auseinandersetzung und Analyse dar. Einerseits wird durch den Foucault'schen Diskursbegriff ersichtlich, dass die diskursive Verwendung und Bezeichnung auch reale Situationen und Gegebenheiten strukturiert – ein Prozess, der im Rahmen des kolonialen Diskurses stärker zur Geltung kommen wird. Andererseits haben wir gesehen, dass die Konstruktion eines Anderen stets das Selbst konstruiert und etabliert. Im Kontext der Said'schen Orientalismuskonzeption soll im Folgenden aufgezeigt werden, wie beide Mechanismen zusammenkommen und funktionieren und wie hierbei die diskursive Ebene und die praktische Ebene zusammenfallen.

2.4 Edward Saids Konzept des Orientalismus oder *Orientalizing the Orient*

"Whether it is a scene of crowds of angry Muslims burning an American flag, a shaven-headed Buddhist monk clothed in a saffron robe and quietly mediating, militant Hindus attacking a mosque or a billboard promoting a perfume that evokes the 'mystic sensuality of India, what all of these images have in common is their involvement in a long history of Western representations and stereotypes of Asia as an 'other' – that is as essentially different from the West. One consequence of such images, whether positive or negative in their connotations, is that 'we' (the West) become clearly separated from 'them' (the East)." (King 2010: 291)

Edward Saids Arbeit zur Genese und Geltung des Orientalismus gilt als Geburtsstunde der postkolonialen Forschung. Der Fokus der Said'schen Arbeit kann durchaus als ein doppelter beschrieben und verstanden werden. Während Said zum einen *den Orient* im Allgemeinen und die damit einhergehenden *orientalischen* Repräsentationen im Besonderen als Konstruktion Europas herauszuarbeiten sucht – die im kolonialen und post-kolonialen Kontext mit einer homogen konstruierten und diametral entgegengesetzten Idee des Okzidents kontrastiert werden –, geht es ihm zum anderen um die Komplizenschaft dieser Praxis mit Facetten und Momenten kolonialer Herrschaft und Macht (Castro Varela/Dhawan 2005: 31f.; Osterhammel 1997: 597). Saids Analyse des Orientalismus ist demnach die Analyse eine Konfiguration von Macht, die Aspekte der Repräsentation, der Wissensproduktion wie auch realpolitischer Ereignisse und Konsequenzen erfolgreich zusammendenkt und genealogisch aufarbeitet. Die Denkfigur des Orientalismus beinhaltet nach Said drei miteinander verwobene Aspekte, die im Folgenden näher diskutiert werden sollen.

Zunächst bezeichnet Orientalismus die rein akademische Auseinandersetzung mit dem Orient. "The most readily designation for Orientalism is an academic one (...). Anyone who teaches, writes about, or researches the Orient – and this applies whether the person is an anthropologist, sociologist, historian, or philologist (...)." (Said 2003: 2). Said kritisiert vor allem den von der Orientalistik geführten Diskurs *über* den Orient. Dieser Disziplin wirft er vor, pausenlos einen monologischen Diskurs über den zur Stummheit verdammten Orientalen zu führen. Nicht die Orientalen sprechen folglich über sich und ihre Verhältnisse, sondern über sie werde im Rahmen des orientalistischen Diskurses gesprochen – sie werden repräsentiert. Der Diskurs über den Orient ist für Said deshalb „ein von jeder Erfahrung nicht-okzidentaler Lebenswirklichkeit entfremdetes, besserwisserisches (...) und klassifizierendes Geschwätz", welches in Konsequenz, die Idee eines homogen identifizierbaren und mit partikularen Attributen und Merkmalen ausgestatteten Orient überhaupt ermöglicht – den Orient folglich *orientalisiert* (Osterhammel 1997: 599; vgl. auch Said 2003: 5). Die soziologisch, politisch und ökonomisch unterschiedlichen Wirklichkeiten beziehungsweise Verhältnisse verschwinden hinter einer homogenen Konstruktion des Orients, in welcher der Orient mal als „diskursiver Effekt" (Castro Varela/Dhawan 2007: 32) und mal als „stillschweigender Anderer" Europas zurückbleibt (Said 1985: 93). Der hierbei konstruierte Orient verkommt so mal zu einem (sexuellen) Phantasiereich oder Wunschobjekt und mal zu einem militärischen Gegner (Said 1999: 27; al Azmeh 1996: 179). Dieser, von vermeintlichen Spezialisten geführte Diskurs über *den Orient*, ist nicht nur aus Gründen seiner eurozentristischen Konnotation, sondern auch aufgrund seiner verwendeten Methodik problematisch. Sprachwissenschaftliche Zugänge und philologische Methoden scheinen für Orientalisten auszureichen, um zu *essentialisierenden* Aussagen über *den Orient* zu gelangen innerhalb derer sowohl *der Orient* als auch *die Orientalen* als Andere wahrgenommen beziehungsweise konstruiert werden (Lockman 2004: 68; Schulze 2007: 65). Im Zentrum der Said'schen Kritik steht zunächst daher ein aus westlich-europäischer Perspektive konstruierter, systematisierter und klassifizierter Orient, welcher in weiten Bereichen „den Selbstsichten der europäischen Forscher [entspricht]" (Schulze 2005: 765) und somit keine Erkenntnisform, sondern eine europäisch-westliche „Wahrnehmungs- und Anschauungsweise" darstellt (al Azmeh 1996: 201).

In Abgrenzung zu diesem Verständnis lässt sich unter dem Konzept des Orientalismus eine Denkweise begreifen, die eine ontologische und epistemologische Unterscheidung zwischen Orient und Okzident trifft. Deshalb, so Said,

> "a very large mass of writers, among whom are poets, novelists, philosophers, political theorists, economists, and imperial administrators, have accepted the basic distinction between East and West as the starting point for elaborate theories, epics, novels, social descriptions, and political accounts concerning the Orient, its people, customs, "mind," destiny, and so on." (Said 2003: 2f.)

Als Schlüsselmanöver dieser ontologisch-epistemologischen Differenzstruktur des Orientalismus verstehen Castro Varela und Dhawan jenen komplexen Prozess des „Fremd- oder Different-Machens, der über eine dualistische Logik funktioniert [und] an dessen Ende die ‚Anderen' vis-à-vis dem ‚abendländischen Selbst' stehen" (Castro Varela/Dhawan 2007: 31). Diese Differenzkonstruktion zwischen einem Orient und einem Okzident kann als zentrale Regel oder Prozedur des Orientalismus charakterisiert werden. Der Orient wird nach Osterhammel nicht nur zu einem „analysierbaren Objekt gemacht, das wie ein anatomisches Präparat auf den Seziertisch gelegt werden kann", sondern ist gleichzeitig ein „*konstruiertes* Erkenntnisobjekts, das möglichst verschieden von Europa sein soll, um desto besser aus sicherer analytischer Entfernung betrachtet werden zu können". Zugespitzt formuliert er: „Erst ‚erfinden' die Orientalisten den Orient, dann sichern sie sich ein Expertenmonopol für ihn" (Osterhammel 1997: 599, Hervorhebung im Original).

Während der Okzident – und mit ihm die Europäer – im Kontext dieser Differenzgleichung als aufgeklärt, emanzipiert, vernünftig, fortschrittlich und in der Herrschaft als gerecht gelten, markiert *der Orient* – und mit ihm *die Orientalen* – eine grundsätzliche Differenz zu den europäisch-westlichen Attributen und seinen zivilisatorisch-kulturellen Errungenschaften. Die im Rahmen des orientalistischen Diskurses konstruierte und miteinander kontrastierte europäisch-westliche Höherwertigkeit einerseits und orientalische Minderwertigkeit andererseits, geht stets gemeinsam einher. Essentialismen und Stereotypisierungen reduzieren sich daher nicht nur auf Beschreibungen über den Orient, sondern finden auch in Darstellungen über den Okzident ihren Platz (King 1999: 86). Deutlich wird beides zum Beispiel an den Illustrationen von George Rowland Stanley Baring, besser bekannt als Earl Lord Cromer, der von 1883 bis 1907 die faktische Herrschaft in Ägypten innehatte:

> "The European is a close reasoner; his statements of facts are devoid of ambiguity; he is a natural logician, albeit he may not have studied logic; he loves symmetry in all things; he is by nature sceptical and requires proof before he can accept the truth of any proposition; his trained intelligence works like a piece of mechanism. The mind of the Oriental, on the other hand, like his picturesque streets, is eminently wanting in symmetry. His reasoning is of the most slipshod description. (...) Look, again, to the high powers of organisation displayed by the European, to his constant endeavour to bend circumstances, to suit his will, and to his tendency to question the acts of his superiors unless he happens to agree with them, a tendency which is only kept in subjection by the trained and intelligent discipline resulting from education. Compare these attributes with the feeble organising powers of the Oriental, with his fatalism which accepts the inevitable, and with his submissiveness to all constituted authority." (Cromer zitiert nach Lockman 2004: 93f.)[23]

[23] "In contrast to its Occidental counterpart, the Oriental mind was less intelligent, more fanciful, childish and simple, prone to exaggeration, generally indolent and lacking originality. In all respects, the Oriental mind was inferior (...)." (Almond 1988: 41)

Orientalische Kultur- und Zivilisationsprozesse werden innerhalb solcher Darstellungen nicht nur als different, sondern auch als „Vorstufen eines universellen Reifungsprozesses" betrachtet. Ein Blick auf diese sei daher „wie ein Blick in die frühere Geschichte der eigenen Kultur, oder (...) als würde man seiner eigenen Kindheit begegnen" (Schulze 2007: 51f.). Sowohl die Präsentation einer aufgeklärten und fortschrittlichen Identität Europas als auch die Konstituierung des Westens als Subjekt der Geschichte, wären ohne das prinzipielle *Zurückbleiben* der Anderen nicht möglich gewesen – beides hängt unweigerlich zusammen (Said 1999: 28).

Der Orientalismus ist für Said jedoch keinesfalls nur ein imaginäres Luftschloss beziehungsweise eine bloße Ansammlung von mythischen, unberechtigten oder fälschlichen Aussagen über *den Orientalen* und seine Verhältnisse, welche, sobald mit der Wahrheit konfrontiert, sich inhaltlich korrigieren oder auflösen ließen. "Orientalism, therefore,", so Said, "is not an airy European fantasy about the Orient, but a *created body of theory and practice* in which, for many generations, there has been a considerable material investment." (Said 2003: 6, Hervorhebung Z.A.) Said zufolge stellt dieser machtvolle Korpus vielmehr ein Effekt jenes historisch-materiell vorhandenen Herrschaftsverhältnisses dar, in dem der Westen über den Orient Herrschaft ausübt (Castro Varela/Dhawan 2005: 35). Die dritte und letzte Bedeutung des Orientalismus hebt diesen Aspekt besonders hervor:

> "(...) I come to the third meaning of Orientalism, which is something more historically and materially defined that either of the two other. Taking the late eighteenth century as a very roughly defined starting point Orientalism can be discussed and analyzed as the corporate institution for dealing with the Orient – dealing with it by making statements about it, authorizing views of it, describing it, by teaching it, settling it, ruling over it: in short, *Orientalism as a Western style for dominating, restructuring, and having authority over the Orient.*" (Said 2003: 3, Hervorhebung Z.A.)

Folglich kann auch die Idee eines homogen konstruierten und dem Okzident diametral entgegengesetzten Orients erst im Kontext der realen Herrschaftskonfiguration sinnvoll verstanden und als Machtinstrument erkannt beziehungsweise entlarvt werden (Said 2003: 5f.).

Sowohl die intellektuellen Unternehmungen des Orientalismus als auch die differente Konstruierung des Orients sind demnach keine wissenschaftlich-objektiven und naiven Beschreibungssysteme, die lediglich gegebene Realitäten darzustellen suchen, sondern komplexe, kulturspezifische und machtdurchzogene Repräsentations- beziehungsweise Ver-Anderungssysteme, die in partikularen – in unserem Fall kolonialen und imperialen – Herrschaftsverhältnissen und -konfigurationen ihren Platz finden.[24] Dass hierbei produzierte *Wissen* über den Orient dient neben dem Prozess der europäischen Identitätsbildung der Durchsetzung kolonialer Expansion und Stabilisierung kolonialer Herrschaft. Als eines der augenscheinlichsten Beispiele für das Zusammenkommen intellektueller und militärischer Praxis beziehungsweise von Wissen und Macht kann der Ägyptenfeldzug beziehungsweise die Ägyptenexpedition Napoleons herangeführt werden. Dieses Zusammenkommen nahm schon vor dem eigentlichen Feldzug Gestalt an:

> "Before invading Egypt Napoleon had sought to learn all he could about the country; among his most valuable sources were the Comte de Volney's 1787 account of his travels in Egypt and Syria, and another book by Volney on the current state of the Ottoman empire. Though in his books Volney had discussed the prospects for French colonial expansion in the Levant, he had expressed pessimism about such a project. Yet the fact that he could even entertain the idea, and that just a few years later his careful study of Egypt and Syria would be used to help make that project a reality, suggests the close connection between what contemporary Europeans were thinking and writing about the Levant and the imminent exertion of European power over it." (Lockman 2004: 71)

---

24 Trotz zahlreicher Bemühungen scheint der Erkenntnisgewinn dieser Aussage marginal zu bleiben. In einem jüngst publizierten Buch hält zum Beispiel Michael Curtis hinsichtlich des *orientalischen* Despotismus folgendes fest: "Political thought at its best stems from analysis of real behavior present in societies and of problems faced by those societies. (...) Reading the accounts of Oriental societies by scholars, political thinkers, diplomats, and travellers, it is reasonable to conclude that the concept of Oriental despotism is not arbitrary exegesis, the result of prejudiced observation, having little relation to Eastern systems, but rather reflects perceptions of real processes and behaviour in those systems." (Curtis 2010: 71).

Im Rahmen der Expedition kamen sowohl vermeintliche Orient-Spezialisten und ihr produziertes *Wissen* als auch die administrativen und militärischen Praxen französischer Herrschaft noch stärker zusammen (Macfie 2002: 46). Das *Wissen* der Orientalisten konnte im Rahmen der Ägyptenexpedition dermaßen systematisch und effektiv genutzt werden, dass Versuche unternommen wurden, selbst die Religion der Anderen zu inkorporieren (Said 2003: 82).

Der Orientalismus beziehungsweise der orientalistische Diskurs bildet Said zufolge ein komplexes Geflecht von europäischen Aussagen über einen kontinuierlich konstruierten und essentialisierten Orient. Diese Aussagen finden ihren Platz zum einen im Rahmen einer prinzipiellen Differenzstruktur, die den Orient als Anderen charakterisiert, und zum anderen im Kontext von Herrschafts- und Machtkonfigurationen, die diese Aussagen überhaupt ermöglichen. Abseits eines wissenschaftlichen und naiven Erkenntnissystems entlarvt Said die Beschäftigung mit dem Orient als ein machtdurchzogenes Beschreibungssystem, dass der europäischen Beherrschung dienlich ist.

Die in diesem Kapitel herausgearbeiteten Konturen postkolonialer Kritik sollen im Folgenden für eine dezidiert postkoloniale Analyse von Religion herangezogen und politiktheoretisch aufbereitet werden. Bisher lassen sich zwei Erkenntnisse festhalten. Einerseits findet die liberal- und säkularisierungstheoretische Auseinandersetzung mit dem Gegenstand der Religion unter Ausschluss von Geographien und Geschichten statt, die jenseits von Europa liegen. Wie im vorliegenden Kapitel jedoch herausgearbeitet, haben postkoloniale Theoretiker*innen andererseits verschiedene analytische Mittel angeführt, um die Hegemonie eurozentrischer Verständnisse und Analysen zu brechen – ein sehr kleines Arsenal dieses Instrumentariums wurde hier diskutiert. Dieser reicht jedoch aus, um im nächsten Schritt den geographischen Raum und zeitlichen Kontext zu erweitern wie auch die liberal- und säkularisierungstheoretische Auseinandersetzungen zu verkomplizieren.

3. Postkoloniale Neubetrachtungen: Säkularismus, Religion und Kolonialismus

> "Once upon a time, there were civilised peoples and uncivilised, or partially civilised, ones. The former were possessed of states – itself an index of their civilised status – and were to be found in parts of the western world. The latter, the bulk of the world's population, were scattered in far-off continents, such as Africa, Australia, Asia and the Americas. The countries of the West ruled the peoples of the non-western world. Their political dominance had been secured and was underwritten by coercive means – by conquest and in blood. It was further underwritten by narratives of improvement, of the civilizing mission and the white man's burden, which were secured in systems of knowledge which made sense of these narratives, and were, in turn, informed and shaped by them." (Seth/Gandhi/Dutton 1998: 7)

Der Beginn moderner Kolonisierung wird bekanntlich in das 15. Jahrhundert datiert, die Fahrten des Christopher Columbus markieren hierbei den Anstoß einer langen und folgenreichen Geschichte. Bis weit in das 20. Jahrhundert wird der formale Kolonialismus seine Spuren tragen. Kurz nach dem ersten Weltkrieg kommt zum Beispiel Arthur Girault zu dem Ergebnis, dass „das Festland der Erde (...) zu etwa der Hälfte von Kolonien bedeckt [sei]. Mehr als 600 Millionen Menschen, d.h. zwei Fünftel der [damaligen] Weltbevölkerung, unterstünden kolonialer Herrschaft: 440 Millionen in Asien, 120 Millionen in Afrika, 60 Millionen in Ozeanien und 14 Millionen in Amerika" (Osterhammel 2006: 29). Dieser jahrhundertelang anhaltende Prozess der Kolonisierung verlief nie uniform. Vielmehr war er von variationsreichen Strategien gekennzeichnet, die mit unterschiedlicher Reichweite und Zielsetzung die lokalen Gegebenheiten und Kontexte des *Eingeborenen* zu durchdringen suchten und dabei unterschiedliche Herrschaftsstrategien und -systeme hervorbrachten. Folgerichtig kann behauptet werden, dass „ein koloniales System [nur] auf dem Papier" existierte und der historische Verlauf eher von „kolossaler Uneindeutigkeit" charakterisiert war (Osterhammel 2006: 8). Systematisierungsanstrengungen der verschiedenen Kolonisationsformen haben nichtsdestotrotz vereinheitlichende Definitionen und Verständnisse des Kolonialismus hervorgebracht.[25]

Etymologisch leitet sich das Wort Kolonialismus aus dem lateinischen *colonia* ab, was Farm oder Siedlung bedeutet und dem römischen Imperium zur Beschreibung ihrer Siedlungen in anderen Ländern diente. Der analytische Kontext lässt sich dagegen nicht ganz so einfach herausarbeiten und darstellen. Über eine besonders gravierende Schwäche gängiger historischer als auch analytischer Kolonialismusdarstellungen und -definitionen werde ich versuchen einer postkolonialen Analytik des Kolonialismus näher zu kommen:

Sowohl historische als auch analytische Beschreibungen und Definitionsversuche des Kolonialismus werden häufig von einer grundlegenden Schwierigkeit begleitet. Sie betrachten den Kolonialismus überwiegend oder gar lediglich aus der hohen Warte Madrids, Amsterdams oder Londons. Die Konsequenz dieser eurozentrischen Perspektive führt nicht nur dazu, dass Definitionen und Darstellungen den Kolonialismus als das *Entdecken* einer *leeren* Welt deuten, sondern dass diese eurozentrische Gewichtung die *Erfahrungen der Kolonisierten* nicht in das definitorische Verständnis integriert und somit maßgeblich an der Verstummung eben dieser mitbeteiligt ist. Der Kolonialismus entfaltet sich in diesen Darstellungen dann als ein "political-economical phenomenon beginning about the year 1500 whereby various European nations discovered, conquered, settled, and exploited large areas of the world." (Britannica 1985: 464) und ist somit weder historisch noch analytisch adäquat erfasst worden.

Im Gegensatz hierzu machen postkoloniale Theoretiker*Innen darauf aufmerksam, dass der Kolonialismus und die dazugehörigen *Entdeckungen*, Eroberungen, Ansiedlungen und Ausbeutungen keine waren, die auf einer *terra nullius* stattfanden. Vielmehr wurde *der Eingeborene, sein* Land und *seine* Verhältnisse für die politisch-ökonomischen Bedürfnisse Europas, europäischer Siedler und Kolonialherren *entdeckt*, erobert und ausgebeutet. Der Kolonialismus wird hierbei als ein direktes Herrschaftsverhältnis verstanden, „bei

25 Grundsätzlich wird unter drei verschiedenen Kolonisationsformen unterschieden: Der Beherrschungskolonie, der Stützpunktkolonie und der Siedlungskolonie. Vgl. hierzu Osterhammel 2006: 16ff.

welche[m] die fundamentalen Entscheidungen über die Lebensführung der Kolonisierten durch eine kulturell andersartige und kaum anpassungswillige Minderheit von Kolonialherren unter vorrangiger Berücksichtigung externer Interessen getroffen und tatsächlich durchgesetzt werden“ (Osterhammel 2006: 21). Diese koloniale Herrschaftssituation ist jedoch nicht nur als eine Arena zu verstehen, in der in Europa genesene Ideen, Konzeptionalisierungen und Denksysteme auf die koloniale Situation projiziert beziehungsweise den Kolonisierten gewaltsam auferlegt werden. Gleichzeitig generieren die interaktionistischen und dynamischen Prozesse zwischen Kolonisierenden und Kolonialisierten dezidiert moderne Wissenssysteme (Sweetman 2007: 117). Deshalb ist es nicht nur sinnvoll und angebracht, die Kolonien als „die Versuchslabors der europäischen Moderne“ zu denken, „in denen Ideen und Verwaltungsverfahren zum ersten Mal erprobt wurden“ (Randeria 2000: 93), sondern darüber hinaus den Kolonialismus als eine „‚gemeinsame Geschichte' [zu] lesen, in der verschiedene Kulturen und Gesellschaften eine Reihe zentraler Erfahrungen teilten und durch ihre Interaktion und Interdependenz die moderne Welt gemeinsam konstituierten“ (Conrad/Randeria 2002: 17). Somit liest der Postkolonialismus den europäischen Kolonialismus als Teil eines transnationalen und transkulturellen globalen Prozesses neu und bewirkt somit ein wichtigen Beitrag die euro- und staatszentrischen imperialen Großgeschichten umzuschreiben. Seine wesentliche Stärke ist demnach, so zum Beispiel Stuart Hall, „in seiner Ablehnung der Perspektive des ‚hier' und ‚dort', ‚damals' und ‚heute', ‚Inland' und ‚Ausland'“ (Hall 1997: 227).

Diese Perspektiven haben auch Konsequenzen wie wir die Frage der Religion betrachten. Im ersten Kapitel dieser Arbeit ist deutlich geworden, dass liberal- und säkularisierungstheoretische Perspektiven historisch wie auch analytisch grundsätzlich einem Eurozentrismus verhaftet bleiben und die Frage der Religion in diesem Rahmen beantworten. Postkolonial informierte Auseinandersetzungen weisen jedoch auf einen Erkenntnisraum jenseits von Europa hin. Zu Recht erinnert zum Beispiel Sheila Greeve Davaney (2009, 1329) daran, dass modern-westliche Konstruktionen und Differenzen zwischen dem Säkularen und dem Religiösen weder naturgegeben sind noch sich nur innerhalb Europas formiert haben, sondern “were also the products of, functioned within and served the expanding colonial projects of European powers in places such as Africa." Im Folgenden sollen diesbezügliche Formationen herausgearbeitet und diskutiert werden. Solch einer Analyse geht jedoch zunächst die Feststellung voraus, dass weder *Religion* noch *Säkular* naturgegebene oder selbstevidente Phänomene und Kategorien sind, sondern selbst Effekte eines historisch partikularen Diskurses, der sich im Zuge der Kolonialisierung universalisiert hat. In Effekt hat dieser Diskurs nicht nur die Kategorien Religion und Säkular generiert und demnach diskursiv konstruiert, sondern beide in Differenz zueinander gesetzt. Dieser Prozess soll erstmal über den Rekurs einer eurozentrischen Geschichte Reflektiert werden (3.1). Solch einem Vorrang geht die Einsicht voraus, dass diese christlichen und post-christlichen Konzeptionalisierungen erheblichen Einfluss auf die Entstehung und Formation von *Religion* und dem *Säkularen* auch jenseits Europas gehabt haben (Asad 1993, 1). Anschließend wird herausgearbeitet, dass das Religiöse und das Säkulare sich nicht in Isolation, sondern im Bezug zueinander formiert haben (3.2). Dies bedeutet nicht, dass beides sich ausschließlich in dieser Beziehung formiert und konzeptionalisiert, sondern dass das Säkulare eine wichtige Möglichkeitsbedingung für die Formation des Religiösen darstellt. Nachdem diese ideengeschichtlichen Rekonstruktionen das gängige liberal- und säkularisierungstheoretische Narrativ problematisiert haben, wende ich mich den Logiken des europäischen Kolonialismus zu (3.3). Hierbei sollen nicht nur Charakteristika des Kolonialismus herausgearbeitet werden, die über die Repräsentationen von zu kolonisierenden Subjekten und Geographien Zivilisierungsmissionen legitimieren und auf komplexe Weise die Verhältnisse in den Kolonien umstrukturieren und ihre Verhältnisse verdinglichen.

3.1 Universal und separat oder die europäische Konzeptionalisierung von moderner Religion

> "In most publications across the humanities, whether by historians, sociologists, anthropologists or religionists, the categories 'religion' and 'politic' are taken as unproblematic, as though it is self-evident what is meant by these complex, contested and ambiguous terms. They are treated as generic and ahistorical, as though their meaning and the distinction between them is a natural aspect of the world." (Fitzgerald 2007: 3f.)

Der Begriff Religion leitet sich vom lateinischen Ausdruck *religio* ab. Etymologisch ist *religio* zunächst an die Cicero'sche Verwendung von *relegere* angelehnt, was soviel wie *wieder lesen* oder *sorgfältig beachten* bedeutet. *Religio* wird in diesem Kontext weniger als ein Sammelbegriff für verschiedene Vorstellungen und Riten einzelner Traditionen verstanden. Vielmehr dient *religio* dazu, im Allgemeinen auf die Lehren und Traditionen der Vorfahren hinzuweisen (King 1999: 35). Religion und Tradition fallen folglich ineinander und markieren nichts anderes, als die von den Vorfahren weitergegebenen und nicht hinterfragbaren Gewohnheiten, Bräuche und Riten als Erbe und Teil der kulturellen Identität und Lebenspraxis zu begreifen.[26]

Im dritten Jahrhundert lehnt der lateinische Rhetoriklehrer und christliche Apologet Lactantius die Cicero'sche Etymologie ab und argumentiert dahingehend, dass *religio* sich nicht nur von *religare* ableite, was üblicherweise mit *verbinden* und *zurückbinden* übersetzt werde, sondern in erster Linie auch auf den Bund der Frömmigkeit abziele, den eine gläubige Dienerschaft mit Gott eingehe. Diese Verchristlichung von *religio* symbolisierte nicht nur

---

26 "Religion, then, appears to fall together with tradition – *religio* is what *traditio* is all about. Continuing a tradition does not require any reason other than itself: what is being continued is tradition itself. That is to say, no theoretical justification was needed to practise and uphold ancestral customs. (...) When you look at religion as tradition, that is, as a set of practices transmitted over generations, then the term appears as a minor variant of *our* intuitive notion of culture: to have religion is to have culture. Wherever there are people with a history, identifying themselves as a people, there traditions exist too. In other words, they have *religio* too. This is how the pagans seem to have seen the issue." (Balagangadhara 1994: 41, 43)

christliche Autorität, sondern hatte auch gesellschaftliche Konsequenzen, da jene, die einem anderen als dem christlichen Gott dienten, als Heiden gebrandmarkt wurden (King 1999: 36f.). Wie ersichtlich, erfährt *religio* hier eine erste Transformation hinsichtlich ihres Sinn- und Bedeutungsgehalts. Von nun an wird *religio* nicht mehr mit Traditionen, Bräuchen oder Gewohnheiten von Ahnen assoziiert. Ihr ist vielmehr die Auffassung eines allmächtigen Gottes eingeschrieben, mit dem es für den Menschen einen Bund einzugehen gilt.

Im Kontext der Renaissance erfährt *religio* dann erste Impulse einer Essentialisierung und Universalisierung. *Religio* wird hierbei sowohl in einem transhistorischen als auch transkulturellen Sinne diskutiert beziehungsweise präsentiert, welche langsam beginnt, jenseits körperlicher Praktiken zu existieren. Die moderne Kategorie der Religion beginnt sich in dieser Epoche herauszubilden. William Cavanaugh misst hierbei den beiden christlichen Gelehrten Nicholaus Cusanus und Marsilio Ficino eine besondere Rolle zu. Während Cusanus *religio* als einen universalen und inneren Impuls versteht, welcher hinter einer jeden rituellen Handlung festzustellen ist – unerheblich, ob diese eine christliche, jüdische oder arabische sei –, definiert Ficino *religio* als einen natürlichen und angeborenen Impuls eines jeden Menschen (Cavanaugh 2009: 69ff.). In beiden Momenten ist eine Essentialisierung und Universalisierung des Religiösen beziehungsweise der Religion auszumachen, die sich nicht nur losgelöst von Raum und Zeit, sondern auch von äußerer Praxis versteht beziehungsweise zuvorderst auf eine innere Haltung abzielt.

Die Annäherung an ein modernes Religionsverständnis, welches sich primär als innerer und universaler Impuls identifiziert, wurde dann im Laufe des 16. und 17. Jahrhunderts durch die Hervorhebung und Akzentuierung des reinen (Gottes- und Jenseits-) Glaubens ergänzt beziehungsweise vorangebracht. Religion wurde somit zu einem System von Lehren und intellektuellen Aussagen konstruiert, dem nicht nur zu- oder widersprochen werden konnte, wenn die innere Haltung es gebot, sondern dem vielmehr die äußere Haltung und Praxis unerheblich zu sein schien (Cavanaugh 2009: 72ff.). Besonders im 17. Jahrhundert wurden dann erste systematische Versuche unternommen, eine universale Religionsdefinition zu (er-)finden beziehungsweise zu artikulieren. Zu den prominentesten Figuren jener Zeit zählte Lord Herbert of Cherbury.[27] Er verstand die verschiedenen Religionen als unterschiedliche Gattungen derselben Spezies, die letztlich auf den gleichen universalen Nenner zu bringen und in ihrer Substanz und Essenz somit transhistorisch und kulturübergreifend waren (Asad 1993: 40).

In ihrer modernen Konnotation wird Religion daher als ein „komplexe[s] Gebilde aus Tradition[en] und Praktiken [verstanden], mit dem *Menschen aller Kulturen in Beziehung treten zu dem, was ihnen als göttlich oder heilig gilt* und mit ihrem Welt- und Selbstverständnis sowie der Bewältigung des Daseins zu tun hat“ (Franz 2007: 350, Hervorhebung Z.A.). Im Zentrum dieser Konzeptionalisierung von Religion steht nicht nur eine Transzendenz-Beziehung, welche auf den Kontakt zwischen Mensch und einer jenseitigen Realität verweist, sondern auch die Universalisierung dieser Beziehung: Religion, so geht aus dieser Definition hervor, ist bei „Menschen aller Kulturen“ ein „in Beziehung treten“ mit dem Göttlichen beziehungsweise Heiligen. Auch in *The Encyclopedia of Religion* lesen wir hinsichtlich der Religionsdefinition ähnliches: “In summary, it may be said that almost every known culture involves the religious in the (...) sense of a depth dimension in cultural experiences at all levels – a push, whether ill-defined or conscious, toward some sort of ultimacy and transcendence that will provide norms and power for the rest of life.” (S.286, Vol.12) Noch deutlicher werden diese Tendenzen, wenn wir uns den substantiellen Religionsdefinitionen der Religionswissenschaft zuwenden – jenen Definitionen, die die Essenz jedweder Religion zu formulieren suchen.

Im Rahmen der Religionswissenschaft hat der evangelische Theologe und Religionswissenschaftler Rudolf Otto auf einflussreiche Weise, die substantielle (lies auch universal-transhistorische) Religionsdefinition geprägt. Hierbei bestimmt Otto „das Heilige“ als *a priori* gegebenes religiöses Grundgefühl, dass keiner näheren theologischen Bestimmung bedarf. In seiner ursprünglichsten Form nennt er es auch das „Numinose“, was er als „das Heilige minus seines sittlichen Momentes und (...) minus seines rationalen

[27] Auch John Locke zählt zu den zentralen Theoretikern, die nicht nur dem modernen Staat, sondern auch der modernen Religion einer Form gegeben haben. Vgl. dazu Punkt 1. der vorliegenden Arbeit.

Momentes überhaupt" definiert (Otto 2004: 6). Es ist dieses vorausgehende Heilige, das Numinose, welches nach Otto „in *allen* Religionen als ihr eigentlich Innerstes [lebt] und ohne es wären sie garnicht Religion" (Otto 2004: 6, Hervorhebung im Original). In näherer Bestimmung charakterisiert Otto es unter anderem als das Gefühl des *mysterium tremendum*, des „schauervollen Geheimnisses", sowie als *mysterium fascinans*, als etwas „Anziehendes" und „Faszinierendes" (Otto 2004: 13, 42).

Weitere Religionswissenschaftler haben an Ottos substantieller Religionsdeutung angeknüpft. So definiert zum Beispiel der Religionswissenschaftler Gustav Mensching Religion als eine „erlebnishafte Begegnung mit dem Heiligen und antwortendes Handeln des vom Heiligen bestimmten Menschen" (Mensching 1960: 15). Auch wenn der Begriff des Heiligen sowohl bei Otto als auch bei Mensching weit gefasst bleibt, ist nichtsdestotrotz erkennbar, dass sich dieser am christlichen Bild eines transzendenten Gottes orientiert.[28] Weitere substanzielle Religionsdefinitionen bringen diesen Punkt noch deutlicher zum Ausdruck. Während zum Beispiel Friedrich Heiler konstatiert, dass Religion als eine „doppelseitige Größe" zu verstehen ist, welche „Gottheit und Mensch" umfasst (Heiler 1979: 4), ist Geo Widengren der Überzeugung, „daß der Gottesglaube das innerste Wesen der Religion ausmacht" (Widengren 1969: 3). Ähnlich definieren auch Günter Lanczkowski und Theo Sundermeier die universale und transhistorische Substanz beziehungsweise Essenz der Religion. Während ersterer in allen Religionen „gleichermaßen und jeweils uranfänglich und unableitbar die Korrespondenz zwischen dem Menschen einerseits und andererseits dem Übermenschlichen, Außerweltlichen, Unbedingten und absolut Jenseitigen, der Transzendenz" sieht, definiert letzterer Religion als die „gemeinschaftliche Antwort des Menschen auf Transzendenzerfahrung, die sich in Ritus und Ethik Gestalt gibt" (Lanczkowski 1991: 23; Sundermeier 1999: 27). Nach Sundermerier

---

28 Selbstverständlich kennt nicht nur die christliche Religionstradition die Idee eines transzendenten Gottes. Auch das Judentum und der Islam weisen in dieser Hinsicht strukturelle Ähnlichkeiten auf. Problematisch wird es meiner Ansicht nach jedoch nicht nur sobald der Hinduismus oder der Buddhismus Gegenstand der Auseinandersetzung werden, die hinsichtlich des Gottesverständnisses eine gänzlich differente Struktur aufweisen, sondern vor allem wenn nicht-christliche Religionstraditionen sich mit Hilfe christlicher Kategorien und Konzeptionalisierungen artikulieren beziehungsweise zu verstehen suchen. Vgl. hierzu Haußig (1999).

ist es die Transzendenzerfahrung, die sich das konkrete Gegenüber sucht. „Der Mensch“, so hält er fest, „will nicht ins Leere sprechen, er will beten, loben. Gott ist sein Gegenüber“ (Sundermeier 1999: 243). Abschließend sei noch die Religionsdefinition von Küng angeführt, die er als Arbeitshypothese im Hinblick auf den interreligiösen Dialog formuliert. Auch hier wird deutlich, dass sich das moderne Religionsverständnis primär als eine persönliche Transzendenz-Beziehung versteht und diese als überzeitliche Essenz aller Religionen begreift: Religion ist für Küng „die *in einer Tradition und Gemeinschaft sich lebendig vollziehende* (in Lehre, Ethos und meist auch Ritus) *sozial-individuell realisierte Beziehung zu etwas, was den Menschen und seine Welt übersteigt oder umgreift*: zu einer wie immer zu verstehenden allerletzten wahren Wirklichkeit“ (Küng/Bechert 1992: 13, Hervorhebung im Original). Aus all dem geht deutlich hervor, dass sich das moderne Religionsverständnis in primärer Hinsicht als ein individuell-privates versteht, welches in dieser unpolitischen Konnotationen universal gedacht wird.

Problematisch an diesen Entwicklungen ist nicht nur die offensichtlich christliche Konzeptionalisierung religiöser Strukturen, welche eine *Konstruktion von* und *Differenz zwischen* transzendenter Gottheit und seinem Anderen, Gott und Mensch, tätigen und etablieren, sondern ebenso, dass die Kategorie Religion in seiner modernen Bedeutung einerseits immer mehr unter dem Aspekt des innerlichen Glaubens subsumiert wird, dem nichts zwangsläufig eine entsprechende Praxis folgen muss, und andererseits als eine universale und eigenständige Konstante verstanden wird, welche unabhängig von Raum und Zeit überall anzutreffen ist. Im nächsten Abschnitt soll diese Ansicht problematisiert werden. Hierbei wird deutlich gemacht, dass das Verständnis von Religion weder ein transnationales noch transkulturelles darstellt, sondern sich als solches im Europa des 17. und 18. Jahrhunderts diskursiv formiert hat (3.2.1). Zum anderen wird gleichzeitig deutlich gemacht, dass gerade die Kategorie des Säkularen bei solch einer Formation eine gewichtige Rolle gespielt hat (3.2.2).

3.2 Weder universal noch separat: Zur Verwobenheit von religiös-säkularen Konfigurationen

3.2.1 Vom transhistorischen zum kontextgebundenen Religionsverständnis

> "The idea that 'religion' is everywhere and at all times *essentially* the same, that it can therefore be the object of a single comprehensive theory, is one of the great creative fictions of the modern world." (Asad 1992: 4, Hervorhebung im Original).

Entgegen überzeitlicher und separat konstruierter Begrifflichkeiten und Verständnisse von Religion und ihrer naturalisierenden Trennung von säkularen Prozessen, Konfigurationen und Sphären, haben sich in den letzten Jahrzehnten einige postkolonial-kritische Stimmen stark machen können. Hierbei stehen besonders komplexe De- und Re-Konstruktionen von liberalen Säkularismus- und Religionsverständnissen im Vordergrund der jeweiligen Auseinandersetzung.

Wie schon im vorherigen Abschnitt aufgezeigt, ist der modernen Konnotation von Religion ein christlich-theologisches Moment inhärent. Dieser geht nach Richard King auf eine christliche Umdeutung von *religio* zurück, die den Begriff als Glaubensbegriff an eine transzendente Macht definiert (King 1999: 37). Demnach kann weder von einer objektiv-neutralen noch von einer universalen beziehungsweise allseits akzeptierten Religionskonzeptionalisierung gesprochen werden. Vielmehr kann Religion, wie bereits angemerkt, als eine westliche Kategorie verstanden werden, die ihre moderne Konzeptionalisierung, Strukturierung und Universalisierung besonders der globalen Expansionsbewegung Europas und des Christentums verdankt.[29] Problematischer ist die oftmals implizite Vorstellung, dass Religion nicht nur eine neutrale, sondern auch natürliche Beschreibungskategorie darstellt, die, unveränderlich in ihrer *Essenz*, von jeher *in* der Welt existiert und in ihrer konkreten *Form* entdeckt und gefunden werden kann. In Abgrenzung hierzu wird ins Feld geführt, dass Religion zuvorderst als eine akademische Kategorie verstanden werden sollte, die entsprechend von Gelehrten ins Leben gerufen wurde beziehungsweise

---

[29] Da ich im nächsten Abschnitt sowohl die christlich-westliche Genese des modernen Religionsverständnisses als auch die universale Durchsetzung dieses Verständnisses skizzieren werde, soll der Hinweis von King an dieser Stelle genügen.

eine Erfindung und Konstruktion von ebendiesen darstellt. "Religion is solely the creation of the scholar's study. (...) Religion has no independent existence apart from the academy." (Smith 1982: xi) Auch wenn ich die Ansicht nicht teile, dass Religion ausschließlich einen akademischen Bezug hat, sondern auch darauf hinweisen möchte, dass Religion von Politikern, Richtern, Bürokraten und anderen im Rahmen konkreter gesellschaftspolitischer Kontexte Verwendung findet, weist Smith auf etwas zentrales hin: Nämlich die Tatsache, dass die Kategorie der Religion nicht bloß *da* ist und darauf wartet, *entdeckt* oder *gefunden* zu werden. Vielmehr wird Religion mit Hilfe komplexer Prozesse, die weit über die reine Akademie hinausgehen, *erfunden* und *konstruiert*. Religion wird daher nicht nur als eine in der Moderne konstruierte Kategorie verstanden, sondern im Kontext der Moderne als eine höchst ideologische Kategorie gewertet, welche sowohl politische Realitäten konstruiert als auch von ebendiesen konstruiert wird (Fitzgerald 2000: 4f; Cavanaugh 2009: 58). Von einer transhistorischen (und transkulturellen) Essenz zu sprechen, die sich sowohl theoretisch als auch praktisch als dezidiert religiös charakterisieren ließe, ist nicht nur nicht richtig, sondern übersieht und übergeht die komplexen sozialhistorischen und gesellschaftspolitischen Rahmenbedingungen und Dynamiken des historisch verortbaren definitorischen Prozesses; jenes definitorischen Prozesses, der sich die modernen Begrifflichkeiten Religion und religiös überhaupt zu denken, zu systematisieren und zu verwenden ermöglicht.

Besonders Talal Asad hat in den letzten Jahren kritisch herausgearbeitet, dass die Konstruktion der Kategorie der Religion weder als eine rein abstrakt-intellektuelle Angelegenheit noch als ein von konkreten geschichtlichen (Macht-)Elementen und Beziehungen losgelöster Akt verstanden werden kann. Die Bestimmung der Religion und des Religiösen ist nach Asad nicht nur an partikulare historische Modularitäten gebunden, die konkreten Einfluss auf den definitorischen Akt nehmen, sondern vielmehr ein handfestes Ergebnis diskursiver Prozesse im Rahmen eben dieser sozialhistorischen Kontexte (Asad 1993: 29; 2001: 220). Folglich sind es nach Asad kontextbezogene soziale Praxen und Diskurse, die erheblich dazu beitragen, dass Religion auf *eine* bestimmte Art und Weise verstanden, definiert und konstruiert wird (Asad 1983: 239; Shaikh 2008: 205):

> "Defining religion (...) is not merely an abstract intellectual exercise; it is not just what modern scholars do. The act of defining religion is connected with anxieties and comforts, it responds to different problems and interests, connects with institutional disciplines and emotional attachments. (...) [We have to] open up questions about *where, by whom*, and *in what manner* – i.e. in what social context and in what spirit – the *definitions are produced and put into circulation*." (Asad 2009: 398, Hervorhebung Z.A.)

Asad geht es an dieser Stelle weder um den Versuch einer Pluralisierung eines durch und durch christlich-westlichen Religionskonzepts noch um die Umsetzung einer grundsätzlichen Dekonstruktion von Religion, die in einer kompletten Verneinung mündet. Auch für Asad wäre es problematisch, „aus der [bloßen] Tatsache, dass der Religionsbegriff im Europa des 19. Jahrhunderts geschaffen wurde, den Schluss zu ziehen, es ‚gebe' keine Religionen [und] der Begriff sei nichts als ein Instrument ‚hegemonialer' Ordnungsstiftung" (Osterhammel 2010: 1241). Er kritisiert vielmehr die universale Vorstellung – sowohl im transhistorischen als auch im transkulturellen Sinne – von Religion. Sein Kernargument spricht sich hingegen dafür aus, das moderne Religionsverständnis selbst als das Ergebnis von historischen Diskursen zu sehen und nicht als schon gegebenes zu akzeptieren. In Konsequenz ist die moderne Definition nicht nur ein „historischer Akt", sondern als solcher Teil eines komplexen Erfahrungsraums (Asad 2010: 3). Eine transhistorische und transkulturelle Religionsdefinition sondert gerade diesen Erfahrungsraum aus, der aber notwendig ist um herauszuarbeiten, wie sich der modern Religionsbegriff generieren und so effektiv universalisieren konnte. In einer jüngeren Publikation hat auch William Cavanaugh das transhistorisch-essentialistische Religionsverständnis kritisiert. Problematisch für ihn ist hierbei besonders, dass eine solche Konzeptionalisierung von Religion, gerade jene sozialhistorischen Kontexte und Machtkonfigurationen unberücksichtigt lässt, die eine universale Religionsdefinition überhaupt ermöglichen würden:

> "The problem here is not just one of misdescription or anachronism. The deeper problem is that essentialist accounts of religion occlude the way that power is involved in the shifting

uses of concepts such as religion. One of the significant disadvantages of essentialist readings of religion, in other words, is that they ignore or distort changes in how the world is arranged. Major shifts in terms and practices are accompanied by shifts in the way that authority and power are distributed, and transhistorical conceptions of religion tend to obscure rather than illuminate these shifts. (...) The problem is not simply that differences are underplayed in order to identify the essential sameness of religion in all times and places. The deeper problem is that transhistorical accounts of religion are themselves implicated in shifts in the way the authority and power are distributed, while claiming to be purely descriptive." (Cavanaugh 2009: 81f., Hervorhebung im Original)

Dass Religion folglich in ihrer Bestimmbarkeit keine transhistorische Konstante darstellt, die hinsichtlich ihrer Essenz stets gleich bleibend ist, wird besonders ersichtlich, wenn wir das mittelalterliche Religionsverständnis des Christentums mit dem modernen Religionsverständnis kontrastieren. Während nämlich Religion im christlich-mittelalterlichen Kontext nicht als eine autonome und von anderen Lebensbereichen getrennte Dimension oder Sphäre der Existenz definiert beziehungsweise konzeptionalisiert wurde, sondern sich zum einen auf den klösterlichen Orden bezog (Haußig 1999: 46) und sich zum anderen als „Daseinsmacht ersten Ranges" charakterisieren ließ (Osterhammel 2010: 1239), in der innere Haltung und äußere Praxis des religiösen Menschen zusammenfielen und Religion infolgedessen sowohl ein geistiger als auch körperlicher Akt gewesen ist (Asad 1993: 62f.; 2003: 37f.; Brittain 2005: 150), besteht das moderne Religionsverständnis grundsätzlich aus der Tendenz einer apolitischen, universal-transhistorisch gültigen und in erster Linie privaten beziehungsweise individuell erfahrbaren Transzendenz-Beziehung, die sich primär sowohl über ein „Ergriffensein" *vom* als auch ein „Denken" *über* das Heilige definiert (Haußig 1999: 53f.) und eine Essentialisierung und Naturalisierung dieser partikular (christlich-westlichen) Konzeptionalisierung anstrebt und suggeriert. Dies wird besonders deutlich, wenn wir zum Beispiel das moderne Religionsverständnis mit einem mittelalterlichen Christentum kontrastiert. Hierbei wird deutlich, dass jenes Christentum nicht war, was für uns heute gängiger Weise unter Religion subsumiert wird. Zunächst galt *religio* nicht als universale Gattung, in der das Christentum eine Platz neben anderen fand. Vielmehr galt das Christentum als *religio* schlechthin und somit überhaupt als die gültige und richtige Lehre vom rechten Leben. *Religio* markierte ebenso wenig ein System von Propositionen und Glaubenssätzen, das geteilt oder abgelehnt werden konnte. Sicherlich gab es Lehren und Doktrin zum rechten Leben, doch christliche *religio* galt vielmehr noch als eine praktische Tugend, die nicht nur innerliche, sondern ebenso körperliche Dispositionen informierte und gestaltete. Demnach galt *religio* auch nicht als lediglich innerlicher Impuls, sondern vielmehr als eine Form kultivierter Körperlichkeit. Schlussendlich war *religio* keine einzelne und ausdifferenzierte (Wert-)Sphäre neben weiteren, sondern immer wieder mit Aspekten der guten Regierung oder der guten Ökonomie verwoben und ohne religio wären diese nicht vollständig gewesen (Cavanaugh 2009: 65ff.).

Religion ist demnach keine feststehende Kategorie, der eine universal identifizierbare Essenz zur Grunde liegt. Vielmehr ist dieses Verständnis und ihre partikulare Struktur ein Ergebnis von sozialhistorischen Prozessen und Diskursen, die bei einer begrifflichen und konzeptionellen Diskussion berücksichtigt werden müssen. Die Genese und Geltung von Religion ist hierbei grundlegend mit der Geschichte der westlichen Moderne und dem Säkularismus verwoben (Asad 2001: 221). Wie wir uns die Herausbildung eines modernen Religionsverständnisses zu denken haben, welches Religion transhistorisch, transkulturell und somit in einem doppelten Sinne als universal denkt und wie dieses Verständnis mit der Herausbildung einer westlichen Moderne beziehungsweise dem Säkularismus und dem Säkularen in Verbindung steht, soll im folgenden Abschnitt näher diskutiert werden.

3.2.2 Die Genese moderner Religion und ihr siamesischer Zwilling

> "My suggestion, if you will, is that we seriously consider the possibility that the story of secularization, on the one hand, and the discursive apparatus that has hitherto sustained our notion of religion, on the other, might be two essential body-parts of a single beast; and that this may be why we cannot tweak, upgrade, or discard the notion of "the secular" without questioning the other part." (Masuzawa 2008)

Wie im vorausgegangenen Abschnitt verdeutlicht, kann ein universales und somit sowohl transhistorisches als auch kulturübergreifendes Religionsverständnis mit erheblicher Skepsis betrachtet werden. Im Rahmen ihrer modernen Genese wird die christliche Kategorie der Religion als eine eigenständige und separate Sphäre konstruiert und verstanden, die es kontinuierlich von anderen Bereichen wie Staat, Politik oder Ökonomie zu unterscheiden beziehungsweise zu trennen gilt. Die Herausbildung dieses modernen Religionsverständnisses und seiner Konzeptionalisierung kann jedoch weder als ein rein theoretischer noch von konkreten Kontexten losgelöster Akt verstanden werden. Dieses moderne Verständnis von Religion sollte als das handfeste Ergebnis komplexer und facettenreicher Säkularisierungsprozesse beziehungsweise -diskurse eines (post-)reformatorischen und aufklärerischen europäischen Kontexts verstanden werden, der einen modernen (und säkularisierten) Religionsbegriff überhaupt ermöglicht. Das Konzept Religion ist demnach ein säkularer Effekt, welches es gleichzeitig ermöglicht, einen nicht-religiösen Raum (oder Sphäre) zu denken, zu konzeptionalisieren und zu schaffen. Und so sehen wir auch, dass Religion und der säkulare Staat oder Religion und Politik sich immer auf Distanz begegnen müssen, sind sie doch konstitutiv für den jeweils anderen:

> "[R]eligion is essentially non-political, spiritual rather than materialistic, other-worldly rather than this-worldly, and concerned with private faith and the salvation of the individual soul rather than the organization of the state; and (...) politics and the power of the state are essentially non-religious, based on legitimized violence, this-worldly rather than other-worldly, and concerned with the public organization of civil authority and the protection of private property and bodies. (...) Frequently these (...) definitions rely on further dichotomies with slippery boundaries, such as that between nature and supernature, matter and spirit, body and soul, or scientific knowledge and pious faith. Since all of these terms are unstable in usage, they provide the possibility of an endless deferral of meaning, one set of dichotomies being implicitly or explicitly defined by another set, which in turn is defined by another set, and so on indefinitely." (Fitzgerald 2007: 213)

Die moderne Definition von Religion in einem transhistorischen und transkulturellen Sinne konstituiert sich folglich nicht alleine und ist keine, um weiterhin mit Fitzgerald zu sprechen, "standalone category" (Fitzgerald 2008). Ihre Genese findet vielmehr in Relation zu weiteren Kategorien und Konzeptionalisierungen im Kontext der Moderne statt, von denen sie sich zu trennen sucht beziehungsweise getrennt wird. Eine dieser Kategorien ist jene des Säkularen (Fitzgerald 2007: 6). Der Prozess der Säkularisierung ist folglich nicht jener, der Religion ihren sinnvollen Platz innerhalb der Moderne und ihren ausdifferenzierten Wertsphären zuweist, damit Staat, Öffentlichkeit, Gesellschaft und Individuum in Freiheit und Frieden miteinander existieren können, sondern vielmehr jener, der Religion und mit ihr auch säkulare Konfigurationen überhaupt ermöglicht. Der Säkularisierungsprozess ist folglich die Ausarbeitung und Vollendung eines modernen Religionsverständnisses, das seit der Renaissance den Bestrebungen von Universalisierungen und Essentialisierungen ausgesetzt ist. David Scott hält diesen gewichtigen Punkt und den relationalen Charakter zwischen dem Säkularen und dem Religiösen folgendermaßen fest:

> "[S]ecularization is understood as describing a *shift* on several levels: it describes *a set of institutional differentiations* in which the ecclesiastical establishment comes to be assigned a new position in social and political life. From a position within effective power, it comes institutionally to be but one of many politicizable spaces in the social field – regulated, circumscribed, encouraged, limited, in any case acted upon or not from elsewhere. (...) At another level, secularization describes not only the formal institutional separation of church and state but *an epistemic shift in which a field of discourse and practice comes to be constituted as "religion" as such*. This involves (...) a cognitive alteration in which "religion" ceases to be the background of thought." (Scott 1999: 67f., Hervorhebung Z.A.)

Religiös und säkular können daher als relationale und prozessuale Kategorien betrachtet werden, die erheblich miteinander verwoben sind und sich gegenseitig bedingen (Feuchter/Knecht 2010: 14; Asad 2003: 192f.). Auch hier sind die Arbeiten von Talal Asad besonders relevant, hält er doch ebenso fest, dass der Säkulalrismus die Formation von Religion innerhalb der Moderne „führt [*guide*]" und somit Religion ohne Rückbezug auf die Operationen des Säkularismus nicht adäquat verstanden werden kann (Asad 2001: 221).

Besonders die Genese des souveränen Staates ist bei diesem Prozess hervorzuheben. Wie auch in liberal- und säkularisierungstheoretischer Perspektive, wie im ersten Kapitel aufgezeigt, wird eine Trennung formuliert wo vorher keine gewesen ist. Doch was aus liberal- und säkularisierungstheoretischer Perspektive nach einer lediglich normativen Verortung und der Frage nach Autorität ausschaut, wird von postkolonial informierten Arbeiten erheblich verkompliziert. Hierbei wird Religion in Abgrenzung zu den Aufgaben des souveränen Staates konstituiert und konfiguriert. Während Religion vorher sowohl die äußeren als auch inneren Angelegenheiten des Gläubigen regelte, beschränkt sie sich von nun an lediglich auf die Angelegenheiten der Seele beziehungsweise des seelischen Heils. Dem souveränen Staat obliegt von hieran hingegen die Regulierung der körperlichen Praktiken, während Religion zu einer innerlichen Praxis wird (Asad 1993: 205f.; Cavanaugh 1995: 405; 2009: 78ff.). Diese Verschiebung ist auch innerhalb der Geschichte und Genese des Liberalismus von zentral Relevanz und ist in besonderer Weise durch John Locke konstituiert worden (Larbode 2017. 15). Wie schon im ersten Kapitel verdeutlicht, konzeptionalisiert John Locke in seiner Schrift *Ein Brief über die Toleranz* nicht bloß ein normatives Verhältnis zwischen Staat und Kirche, sondern konstituiert vielmehr moderne Religion und ihr Verständnis (innerlicher Glaube), der keinesfalls über (staatlichen) Zwang aufoktroyiert werden kann.

Die historisch erwachsenen Kategorien und ihre Grenzziehungen als natürlich und ewig unabwandelbar zu charakterisieren, sollte selbst als Teil der Machtkonfiguration einer westlichen Moderne und eines modernen Staats gewertet werden. Die Konstruktion der Religion auf diese partikulare Weise, ermöglicht nämlich gleichzeitig die Durchsetzung und Legitimierung einer säkularen und faktisch objektiv, neutral und modern konstruierten Welt (Fitzgerald 2000: 8; 2007: 6; 2008; Cavanaugh 2009: 83f.). Hierin liegt einer der ideologischen Funktionen dieser Dichotomie. Die religiös-säkulare Trennung und Dichotomie ist folglich eine Schöpfung des modernen Staates, welcher sich hierüber seine

Machtbefugnis sichert (Cavanaugh 2007: 254). Gleichzeitig konstruiert und operiert diese Kategorie auf dem Feld der kolonialen Expansion, das im Folgenden betrachtet werden soll.

3.3 Zur Logik des europäischen Kolonialismus: Repräsentation, Zivilisierungsmission, Verdinglichung

Ohne Zweifel lässt mit Jürgen Osterhammel (2006: 8) festhalten, dass es „ein koloniales System [nur] auf dem Papier" gab und der europäische Kolonialismus demnach von einer kolossalen Uneindeutigkeit gekennzeichnet war. Hinzukommt, dass europäische Kolonialismen historisch unterschiedliche Entwicklungen, Verläufe und Stoßrichtungen genommen haben. So werden zum Beispiel britische und französische Kolonialismen üblicherweise über unterschiedliche Formen von Macht und Herrschaft definiert. Während dann zum Beispiel britischer Kolonialismus als *indirect rule* charakterisiert wird, das lokale Machtstrukturen in koloniale Abläufe zu integrieren sucht, gilt der französische als assimilatorisch, dessen Formen der Macht und Herrschaft koloniale Verhältnisse und Subjekte zu assimilieren suchen. Sicherlich lässt sich eher sagen, dass der europäische Kolonialismus in seiner effektiven Geschichte nicht nur unterschiedliche, sondern auch in Kombination befindliche Formen der Macht und Herrschaft entwickelt hat (Conrad 2008). Als übergeordnete Logiken des europäischen Kolonialismus sollen an dieser Stelle drei Momente angeführt werden, die als wichtig angesehen werden: die koloniale Repräsentation, die Zivilisierungsmission und die Verdinglichung. Der Kolonialismus kann hierbei als ein Komplex von Wissen und Macht gedacht werden, welcher beständig die gewaltvolle Produktion und Konstruktion des außereuropäischen und nicht-westlich *Anderen* artikuliert und tätigt. Gleichzeitig bleiben diese Aussagen nicht nur auf diskursiver Ebene verhaftet, sondern konstruieren, wie oben mit Foucaults Diskursbegriff erläutert, auch die Realität beziehungsweise unser Verständnis dessen was als *Realität* gilt. In diesem Zusammenhang ist der Kolonialismus als ein kulturelles Herrschaftssystem zu verstehen, dass mit Hilfe verschieder Praktiken und Techniken seine Herrschaft stützt (Stoler/Cooper 1997: 4ff.). Der koloniale Diskurs ist an dieser Stelle von besonderem Interesse, ist er es doch, der den Anderen als kulturell-zivilisatorisch inferior konstruiert beziehungsweise repräsentiert und den Kolonialismus in dieser Konsequenz zivilisatorisch notwendig macht (Parry 2002: 66).

Dieser komplexe Prozess von diskursiver Bedeutungs- und Wissensproduktion über den Anderen wurde durch eine Vielzahl von Schriften erzeugt und geformt. Zu diesem Archiv zählten nicht nur wissenschaftliche Abhandlungen und Regierungsdokumente, sondern öffentliche und private Aufzeichnungen, Briefe, Handelsdokumente oder Reiseberichte (Loomba 2005: 8). Es ist dieses, mitunter „aus der Distanz orchestrierte, weitläufige und heterogene Projekt", welches nach Spivak „das koloniale Subjekt als Anderes" konstruiert und ein klares Beispiel epistemischer Gewalt darstellt (Spivak 2008: 42; vgl. auch Sharp 2009: 110ff.). Dass in diesem Diskurs produzierte Wissen war hierbei nicht nur an unterschiedliche Absichten, Interessen und Ziele geknüpft, die beeinflussten, was Europäer sahen, wie sie es sahen und was sie übersahen, sondern vielmehr übte das Wissen – als Produkt diskursiver Praxis –, indem es europäische Kategorien, Sprechweisen, Bilder und Vorstellung in die *Neue Welt* installierte, die außereuropäischen *Entdeckungen* im Kontext eigener Begriffsraster klassifizierte und somit erst *bewahrheitete*, Macht und Gewalt aus. Demnach war der koloniale Diskurs alles andere als eine unschuldige Praxis, stellte er doch eine Begegnung zwischen Ungleichen dar:

> „Die Europäer hatten Völker ausmanövriert, ausgetrickst und (auch im Schießen) übertroffen, die weder den Wunsch hatten, ‚erforscht', noch das Bedürfnis, ‚entdeckt', noch das Verlagen danach, ‚ausgebeutet' zu werden. Die Europäer standen den Anderen in der Position der beherrschenden Macht gegenüber. Dies beeinflußte das, was sie sahen und wie sie es sahen, genauso wie das, was sie nicht sahen. (...) Das Wissen, das ein Diskurs produziert, konstituiert eine Art von Macht, die über jene ausgeübt wird, über die ‚etwas gewußt wird'. Wenn dieses Wissen in der Praxis ausgeübt wird, werden diejenigen, über die etwas ‚gewußt wird', auf eine besondere Weise zum Gegenstand der Unterwerfung. Das ist immer eine Machtbeziehung. Diejenigen, die den Diskurs produzieren, haben also die Macht, ihn *wahr zu machen* – z.B. seine Geltung, seinen wissenschaftlichen Status durchzusetzen" (Hall 1994: 154, Hervorhebung im Original).

In der Systematik kolonialer Darstellung waren Europäer nicht nur dadurch gekennzeichnet, dass sie „kraft [ihrer] ,Zivilisation' und [ihrer] Errungenschaften (zu denen unter anderem Reisen und Handeltreiben gehörten) allen anderen überlegen" waren (Miles 1999 34), sondern auch, dass sie „an der Spitze einer umfassenden weltgeschichtlichen Fortschrittsbewegung" standen (Osterhammel 2005: 363). Aufgrund dieser Überlegenheit, die in jeglichen zivilisatorischen Bereichen ihren Ausdruck fand, verstanden Europäeren sich – selbst als Kolonisierende – als ein zivilisatorisches Geschenk, welcher sich stets dem Dienste der Menschheit verpflichtet fühlte (Memmi 1991: 3).

Der Kolonisierte hingegen, so haben zum Beispiel Frantz Fanons arbeiten deutlich gemacht, wurde innerhalb des kolonialen Diskurses zu „ein[er] Art Quintessenz des Bösen" konstruiert und produziert. Hierbei galt sein Zustand nicht nur als eine Abwesenheit beziehungsweise Unerreichbarkeit von gewissen zivilisatorischen Werten, sondern der Kolonisierte kam vielmehr einer „Negation von Werten" gleich und wurde häufig zum „Feind der Werte" deklariert (Fanon 2008: 32). Christliche Missionsbewegungen sahen sich besonders der Aufgabe verpflichtet, die heidnischen Seelen von der barbarischen Dunkelheit in das christlich-zivilisatorische Licht zu führen und somit ihren *humanistischen* Beitrag im Rahmen des Kolonialismus zu leisten.[30] Im Laufe kolonialer Entwicklung verknüpften sich christliche und liberale Vorstellungen von ethischer und moralischer Superiorität und betonten zum einen den auserlesenen Charakter der Europäer und zum anderen die hieraus resultierende Verpflichtung und Verantwortung der Welt gegenüber. Nach Peter van der Veer blieben religiöses Seelenheil und moralischer Fortschritt folglich nicht nur auf Europa beschränkt, "but included 'the white man's burden' to bring the gospel to the colonies" (Van der Veer 2001: 38).

---

30 Die Person des christlichen Missionars ist hier nicht als eine zu verstehen, die außerhalb des kolonialen Kontexts agiert und nur auf das private Seelenheil des Unzivilisierten aus ist. Vielmehr gelten Missionare im kolonialen Zusammenhang nicht nur als "earliest footsoldiers of (...) colonialism", sondern auch als "most active cultural agents of empire, being driven by the explicit aim of reconstructing the 'native' world in the name of God and European civilization." (Comaroff 1991: xi, 6) Für einen Überblick der Missionsbewegung im Kontext des Kolonialismus vgl. Porter (2007). Für eine weitergehende Diskussion dieser Thematik vgl. van der Veer (1996).

Die wissenschaftliche Kategorie der Rasse, die sich ab dem 18. Jahrhundert durchsetzte, verknüpfte sich mit den Kategorien von Kultur und Zivilisation. Dieser Zusammenschluss lief darauf hinaus zu verdeutlichen, dass der nicht-westliche geographische Raum nicht bloß von einer geistigen und kulturellen *Minderwertigkeit* gekennzeichnet war, sondern dass diese *Minderwertigkeit* gleichzeitig rassisch begründbar beziehungsweise ableitbar war:

> „‚Rasse' bezog sich [vom 18. Jahrhundert an] in zunehmenden Maße auf einen biologischen Menschentypus, und die Wissenschaft gab vor, nicht nur die Anzahl und jeweiligen Charakterzüge der Rassen, sondern auch eine hierarchische Beziehung zwischen ihnen nachweisen zu können. So wurde behauptet, daß alle Menschen und von daher jedes Individuum entweder einer ‚Rasse' angehörten oder das Produkt verschiedener ‚Rassen' seien und mithin die Charakterzüge jener ‚Rasse' oder ‚Rassen' trügen. Darüber hinaus glaubte die Wissenschaft nachweisen zu können, daß die biologischen Charakterzüge jeder ‚Rasse' Bestimmungsmomente einer ganzen Reihe psychologischer und sozialer Fähigkeiten jeder Gruppe darstellten, aufgrund derer sie in eine Rangordnung gebracht werden könnten. So bezeichnete ‚Rasse' in ihrer extremsten Form eine Determinationsweise ökonomischer und kultureller Eigenschaften und Entwicklungen. Ein solcher ‚Rassen'-Diskurs kann als Beispiel eines biologischen Determinismus beschrieben werden. In ihm wurde der Andere als eine biologisch disktinkte Einheit, als eine ‚Rasse' für sich dargestellt, deren Fähigkeiten und Errungenschaften durch natürliche und unveränderliche Bedingungen, die der kollektiven Gemeinschaft insgesamt zukamen, festgelegt waren" (Miles 1999: 44).[31]

Besonders die Rolle der Wissenschaft gilt es in diesem Zusammenhang hervorzuheben. Die *objektiv* und biologisch untermauerte rassische Inferiorität nicht-westlicher Individuen und ihrer gesell-

[31] Die Kategorie der ‚Rasse' bleibt jedoch keine rein theoretisch-diskursive im Kontext des Kolonialismus, sondern wird im Rahmen der kolonialen Administration und Staatlichkeit mit dem Herrschaftsprinzip der Bürokratie verwoben. Vgl. hierzu ausführlicher Arendt (2008, 405-471) und Chatterjee (1999, insb. Kap. 2). Zu einer Kritik an Chatterjee und seinem Verständnis von der Verwobenheit von Rasse und Bürokratie/Staat vgl. Scott (1999).

schaftlichen Verhältnisse hatte nicht nur zur Folge, dass die Subordination dieser außereuropäischen Rassen gerechtfertigt werden konnte, sondern dass vielmehr die Superiorität der „europäischen Rasse" und ihre Hegemonie im europäischen Bewusstsein gängige Akzeptanz fand. So argumentierte zum Beispiel Ernest Renan aus eben dieser *wissenschaftlichen Erkenntnis, Neutralität* und ihrer *Natürlichkeit* heraus, als er anmerkte, dass "Nature has made a race of workers, the Chinese race (...); a race of tillers of the soil, the Negro; (...), a race of masters and soldiers, the European race. Reduce this noble race to working in the *ergastulum* like Negro and Chinese, and they rebel." (zitiert nach Césaire 1972: 16, Hervorhebung im Original)

Es lässt sich folglich festhalten, dass der koloniale Diskurs nicht nur ein Verständnis vom *Eingeborenen* und vom *Europäer* produzierte und diese hierbei als Kategorien *machte* (Mamdani 2012), sondern darüber hinaus maßgeblich den Kolonialismus im Allgemeinen und die koloniale Situation im Besonderen strukturierte, in der sich Kolonisierende und Kolonialisierte in einer komplexen Beziehung begegneten. Die vermeintliche Höherwertigkeit europäisch-westlicher Kultur und Zivilisation, die der koloniale Diskurs hervorbrachte, wurde somit zu einer wichtigen Stütze der zivilisatorischen Mission – als die sich der Kolonialismus durchgehend präsentierte. Als „Grundideologie des modernen Imperialismus und Kolonialismus" versteht sie sich als wichtige *„Rechtfertigungsideologie des Kolonialismus"* (Osterhammel 2007: 46). Und obwohl nach Osterhammel „[d]ie Briten von civilizing mission [sprachen], die Franzosen von la mission civilisatrice, die Deutschen von Kulturmission" und ihre nationalen Akzente jeweils variierten, war „im Grunde das Gleiche gemeint: Menschheitsbeglückung durch den Export des europäischen Zivilisationsmodells" (Osterhammel 2007: 46, Hervorhebung im Original). Der Diskurs offenbarte nämlich jene grundlegende Differenz zwischen dem außereuropäischen und nicht-westlichen *Eingeborenen* und dem westlichen *Europäer*, auf die der Gedanke der zivilisatorischen Mission fußte. Diese Differenz, die ein fundamentales Spannungsverhältnis zwischen dem in der Metropole lebenden *Europäer* und dem in der Peripherie lebenden *Eingeborenen* offenbarte, wurde vom Kolonialismus als Begründungsfigur für die zivilisatorische Mission genutzt. Durch diesen Prozess sollten jene *rückständigen* und *traditionellen* Gesellschaften schließlich zur *Reife*, *Freiheit* und somit zur *Moderne* selbst geführt werden. Der koloniale Diskurs präsentierte den Kolonialismus aus dieser Logik heraus nicht nur als ein zivilisatorisch notwendiges Unternehmen, sondern vor allem als eines, das lediglich "*in the interests of*, *for the good of*, and as *promoting the welfare of* the colonized" getätigt wurde (Narayan 1995: 133, Hervorhebung im Original; vgl. auch Kabbani 1986: 6; Young 1995: 29). Andere Interessen und Ziele kolonialer Expansion, wie zum Beispiel das kapitalistisch-ökonomische Begehren des Kolonisierenden, wurde hierbei grundsätzlich ausgeblendet oder als gerechtfertigte Maßnahme erklärt (Memmi 1991: 83).

Charakteristisch für die koloniale Situation ist ebenfalls die konkrete Überlegenheit des Kolonisierenden beziehungsweise Unterlegenheit des Kolonisierten. Albert Memmi definiert diese kolonialen (Herrschafts- und Macht-)Positionierungen in Abhängigkeit und spricht deshalb von einem relationalen Verhältnis zwischen beiden (Memmi 1991: 7, vgl. hierzu auch Maldonado-Torres 2009). Die koloniale Herrschaftssituation des weißen Mannes und die moralisch-materiellen Positionierungen hinsichtlich der Kolonisierenden und Kolonisierten pflegten nicht nur eine spezielle Beziehung zum Kapitalismus und der Ökonomisierung, sondern führten vielmehr dazu, dass Kolonien mit Blick auf kapitalistische Notwendigkeiten restrukturiert und hierdurch in ein komplexes und für die Kolonisierten folgenreiches Beziehungsgeflecht mit den europäischen Mutterländern gebracht wurden. Dieser komplexe Prozess, so Ania Loomba, "(...) meant *un-forming* or *re-forming* the communities that existed there already and involved a wide range of practices including, trade, plunder, negotiation, warfare, genocide, enslavement and rebellions." (Loomba 2005: 7ff., Hervorhebung im Original) In diesem Sinne kann der Kolonialismus als eine direkte Herrschaftsbeziehung zwischen Kolonialherren und Kolonisierten, zwischen europäischen Metropolen und außereuropäischen Peripherien verstanden beziehungsweise definiert werden, die auf eine brutale und gewaltvolle Verdinglichung des Kolonisierten für die politisch-ökonomischen Zwecke Europas hinauslief. "Between colonizer and colonized," bemerkt Aimé Césaire,

> "there is room only for forced labor, intimidation, pressure, the police, taxation, theft, rape, compulsory crops, contempt, mistrust, arrogance, self-complacency, swinishness, brainless élites, degraded masses. Nor human contact, but relations of

domination and submission which turn the colonizing man into a classroom monitor, an army sergeant, a prison guard, a slave driver, and the indigenous man into an instrument of production. My turn to state an equation: colonization = 'thingification.'" (Césaire 1972: 21)

Der Frage nachgehend, "[w]hat is left of the colonized at the end of this stubborn effort to dehumanize him?", kommt auch Memmi in zu einer ähnlichen Schlussfolgerung wie Césaire:

> "He is hardly a human being. He tends rapidly toward becoming an object. As an end, in the colonizer's supreme ambition, he should exist only as a function of the needs of the colonizer, i.e., be transformed into a pure colonized. The extraordinary efficiency of this operation is obvious. One does not have a serious obligation toward an animal or an object." (Memmi 1991: 86)

Ein besonders anschauliches Beispiel solch einer Verdinglichung ist der sogenannte Dreieckshandel, der sich ab Mitte des 17. Jahrhunderts ereignete und vor allem durch komplexe Re-Strukturierung der Kolonien gekennzeichnet war. Hierbei verließen mit allerlei Gütern beladene Schiffe europäische Häfen und segelten besonders an die westafrikanischen Küsten. Nachdem die europäischen Güter mit Sklaven ausgetauscht wurden, segelten dieselben Schiffe zu Plantagenkolonien in den West Indies, um die Sklaven als Plantagenarbeiter abzuladen und mit Zucker, Baumwolle und weiteren Produkten aus der Plantagenwirtschaft zurück nach Europa zu fahren (Ní Fhlathúin 2007: 24).[32] Die postkoloniale Perspek-

[32] Ein anderes Beispiel führt Heinrich Loth an: „Durch Zwangsarbeit, Pflichtanbau und Kopfsteuer wurden in Afrika die Bauern in die koloniale Ausbeutung einbezogen. Bewußt wurden Disproportionen geschaffen, um die Afrikaner zu veranlassen, ihre Heimatdörfer zu verlassen und auf den Plantagen und in den Bergwerken oft weit entfernter Regionen Arbeit aufzunehmen. Selbst der Hunger wurde organisiert, um das System der Wanderarbeit in Bewegung zu halten, so in Ruanda-Urundi, dem belgischen Mandatsgebiet. 1928 verhungerten in Ostruanda 60 000 Menschen, worauf mehr als 80 000 das Land verließen. Die Menschen gingen nach Uganda, nach Tanganjika, vor allem aber nach dem damaligen Belgisch-Kongo (Katanga) und *verdingten sich dort als billige Arbeitskräfte*. Die Degradierung ganzer Regionen

tive beziehungsweise Theorie ist daran interessiert, Abstand zu eurozentristisch orientierten Darstellungen kolonialer Vergangenheit und Gegenwart zu gewinnen. Hierbei setzt sie nicht nur voraus, dass der Kolonialismus eine gemeinsame und transnationale Erfahrung gewesen ist, sondern nutzt dies als Grundstein dafür, die moderne Situation als Resultat dieser gemeinsamen Erfahrung zu begreifen und die gängige binäre Opposition zwischen *hier* und *dort* oder imperiale Metropole und koloniale Peripherie zu überwinden. Diese Perspektive hegt gleichzeitig erhebliches Interesse daran, die marginalisierten und an die Ränder der Moderne gedrängten Geschichten, Erfahrungen und Perspektiven hörbar zu machen und somit die Handlungsmacht des postkolonialen Subjekts zu stärken. Nicht nur einer rein eurozentrischen Narration im Allgemeinen wird demnach entgegengearbeitet, sondern die hegemoniale Situation des Westens überhaupt gilt es gewissermaßen zu dekonstruieren. Sowohl die historische Darstellung als auch das analytische Verständnis sind in dem Rahmen dieser Perspektive vor allem daran interessiert, die koloniale Herrschaftssituation, ihre gewaltvollen globalen Folgen und ihr Weiterwirken im Rahmen des Post-Kolonialismus stärker in den Fokus der Beschäftigung zu rücken.

Der in diesem Abschnitt beschriebene (materielle) Prozess des kolonialen Herrschaftsverhältnisses und der Verdinglichung ist eng mit der Praxis des kolonialen Diskurses gekoppelt. Diese soll im Folgenden näher betrachtet werden.

Wie im Laufe dieses Abschnitts deutlich gemacht, ist der Kolonialismus nicht nur als ein gewaltvolles Herrschaftsverhältnis im diskursiven Sinne, sondern ebenso im materiellen Sinne. Gleichzeitig hängen diese beiden Momente erheblich voneinander ab. Die koloniale Situation ist einerseits Voraussetzung und andererseits Ergebnis des kolonialen Diskurses. Beides operiert folglich Hand in Hand. Im Folgenden soll nun die Frage nach der Religion im Bezug auf den kolonialen Bezugsrahmen diskutiert werden.

---

zu „Arbeitskräftemärkten" war Bestandteil der Ausbeutungspraxis und entsprach der kapitalistischen Arbeitsteilung unter den spezifischen Bedingungen der Kolonialherrschaft" (Loth 1987: 58, Hervorhebung Z.A.).

3.4 Religion und Säkularismus in der Kolonie

> "Religion is perhaps one of the most important techniques, if not the most important, in the West." (Mendieta 2009: 243)

Wie im ersten Kapitel aufgezeigt, konzeptionalisiert der Säkularismus in liberaltheoretischer Ausrichtung normativ klar abgegrenzte Handlungs- und Machtbereiche wie Staat, Öffentlichkeit oder Politik. Der Liberalismus im Allgemeinen wie auch der Säkularismus im Besonderen können daher, wie Michael Walzer (1984) es formuliert, als eine *Kunst der Trennung* verstanden werden. Eine Kunst, die Trennungen denkt, formuliert und schlussendlich zu materialisieren sucht.[33] Hierbei gilt die Trennung zwischen dem Religiösen und dem Säkularen als signifikant, eröffnet sie doch erst den erhofften und begehrten Prozess einer nicht nur politischen Moderne. Wie über den *Blick von Außen* schon teilweise problematisiert, sind Religion und Säkular hierbei nicht schon epistemisch schon existierende Kategorien und Phänomene, sondern bedingen sich in ihrer epistemischen Formation gegenseitig. Hinzukommt, wie oben gezeigt, dass die historische Formation dieser Kategorie wie auch ihres Verhältnisses grundsätzlich in eurozentrischer Perspektive formuliert wird. Auch liberal- und säkularisierungstheoretische Auseinandersetzungen übersehen diese Leerstellen. Besonders hervorzuheben gilt hierbei auch, dass sich macht- und herrschaftsanalytische Fragen für liberal- und säkularisierungstheoretische Ansätze erst gar nicht erst stellen. Dies bedeutet nicht, dass der Liberalismus Fragen der Herrschaft oder Macht in keiner Weise adressiert werden (wie z.B. im Bezug auf den Souveränitätsbegriff) oder die negativen Effekte derselben nicht einzuschränken sucht (wie z.B. hinsichtlich Willkür). Die Aufgabe des Säkularismus, um bei dem Kontext der vorliegenden Arbeit zu bleiben, liegt in erster Linie dann darin, für einen als transhistorisch und kultur-

33 "I suggest," hält Walzer (1984: 315, Hervorhebung Z.A.) fest, "that we think of liberalism as a certain way of drawing the map of the social and political world. The old, preliberal map showed a largely undifferentiated land mass, with rivers and mountains, cities and towns, but no borders. (...) liberal theorists preached and practiced an *art of separation*. They drew lines, marked off different realms, and created the sociopolitical map with which we are still familiar. The most famous line is the 'wall' between church and state, but there are many others. *Liberalism is a world of walls, and each one creates a new liberty*."

übergreifend verstandenen Religionsbegriff eine modern-normative Verortung zu *formulieren*. Wie im Laufe der Arbeit für den europäischen Zusammenhang herausgearbeitet, scheint es jedoch angebracht und sinnvoll, Religion weder in einem transhistorischen noch in einem transkulturellen Sinne zu verstehen, sondern ihre moderne Genese und Geltung im Zusammenhang europäischer Geschichte und der Herausbildung modern-säkularer Konfigurationen zu lesen. Die Formierung moderner Religion – primär in einem transhistorisch-transkulturellen, privaten, individuellen und nicht-politischen Sinne – versteht sich nicht als ein rein intellektuelles und akademisches Produkt. Vielmehr entsteht dieses moderne Verständnis von Religion erst in Zusammenhang sozialhistorischer Rahmenbedingungen, die *säkulare*, das heißt, vermeintlich neutral-objektive und faktisch-wissenschaftliche Rahmenbedingungen, Strukturierungen und Konfigurationen voraussetzen beziehungsweise mit sich bringen. Die im Zusammenhang des modernen Staates konzeptionalisierte und etablierte religiös-säkulare Trennung ist daher weniger als eine stets klar identifizierbare Demarkation zwischen autonomen und voneinander unabhängigen Kategorien und Sphären des Religiösen und des Säkularen zu verstehen. Sinnvoller scheint es, die beiden Kategorien des Religiösen und des Säkularen in Abhängigkeit und Reziprozität zu sehen (King 2002: 280; Anidjar 2006: 62). Dass heißt auch, dass die Konstituierung, Konstruierung, Strukturierung oder Systematisierung einer der Kategorien, auch gleichzeitig – meist implizit, da die Kategorien als voneinander unabhängig betrachtet und verstanden werden – die konzeptionelle beziehungsweise praktische Suche und Identifizierung der anderen darstellt oder mit sich bringt (Fitzgerald 2007: 6).

Während die Konstruktion eines transhistorischen und transkulturellen Religionsverständnisses und der Trennung von Religion und Säkularismus im europäischen Kontext erheblich mit der Herausbildung des säkularen Staates verknüpft ist, soll im Folgenden der koloniale Kontext von Relevanz sein. Von der Prämisse ausgehend, dass a) das moderne Religionsverständnis in seiner transhistorisch-transkulturell konfigurierten Konnotation und apolitisch-individuellen Haltung ein partikulares Ergebnis sozialhistorisch verortbarer Prozesse und Diskurse darstellt und dass b) dieses Ergebnis auch die kohärente *Trennung* zwischen religiösen und säkularen Konfigurationen, Praxen und Sphären ermöglicht, soll aufgezeigt werden, wie mit der Entdeckung beziehungsweise Erfindung und Charakterisierung von außereuropäischer Religion gleichzeitig auch säkularen Konfigurationen und Sphären Raum geboten wird und diese als neutral präsentiert werden. Dieser Prozess versteht sich im kolonialen Zusammenhang jedoch weder als Freiheit strukturierend noch als Frieden etablierend, sondern muss vielmehr in Zusammenhang beziehungsweise in Einbettung kolonialer Macht- und Herrschaftsstrukturen gesehen werden. Auch die Erfindung der Religion ist in diesem Zusammenhang als eine machtvolle Herrschaftsstrategie zu verstehen:

> "The invention of religion (...) was never simply an abstract exercise in theology. Making and remaking religion is a political enterprise, intimately linked to the imagination of new social and intellectual communities. (...) [I]nventing religion was and is an act of power, a means by which scholars, politicians, nationalists, and colonialists truncated the social and political meaning of certain human practices. (...) Defining religion as sui generis was and is a useful strategy of political and intellectual control." (Peterson/Walhof 2002: 6f.)

Wie in Bezug auf den europäischen so gilt auch für den außereuropäischen Kontext, dass Religion keine Raum und Zeit übergreifende Größe darstellt, die stets auf dieselbe Art und Weise vorhanden ist. Ein abstrakter und universaler Begriff von Religion ist – wie bereits gezeigt wurde – vielmehr „ein Produkt europäischer, insbesondere protestantisch orientierter Intellektueller des 19. Jahrhunderts“ (Osterhammel 2010: 1241). Ähnlich wie in Europa gilt jedoch auch hier, dass die Genese und Geltung von einem modernen Religionsverständnis keine de-kontextualisierte Angelegenheit darstellt. Besonders Missionare, Theologen und Anthropologen sind stets darum bemüht gewesen, heterogene Formen des außereuropäischen Lebens und ihrer sozialen Praxen in eine unveränderbare Essenz zu transformieren und diese als eine universal-religiöse Erfahrung zu beschreiben (Asad 2003: 31). Religion ist demnach auch im außereuropäischen und kolonialen Zusammenhang weder eine indigene noch eine transhistorische beziehungsweise transkulturelle Kategorie, die schon immer existiert hat oder vorhanden war (Smith 1963: 53ff.; Smith 2004: 193f.). Vielmehr geht die moderne Konzeptionalisierung beziehungsweise Universalisierung von Religion – also sowohl das Aufkommen als auch das Durchsetzen der

Begrifflichkeit und Konzeption innerhalb kulturell verschiedener Gegebenheiten –, auf sozialhistorische Prozesse innerhalb Europas und den materiellen und epistemologischen Hegemonien der europäischen Kolonisierung zurück (Scott 1999: 55f.; van der Veer 2001: 25).[34]

In den anfänglichen Phasen der kolonialen *Begegnung* stellten europäische Entdecker, Reisende, Missionare, Siedler und koloniale Administratoren mit bemerkenswerter Beständigkeit immer wieder fest, dass es amerikanischen, afrikanischen und anderen Völkern der Welt an jeglicher Religion und Religiosität mangele (Chidester 2000: 427f.). Cavanaugh fasst diese *Entdeckungen* folgendermaßen zusammen:

> "In their initial contacts with native peoples of the Americas, Africa, and the Pacific islands, European explorers reported (...) that the local people had no religion at all. Amerigo Vespucci remarked on the lack of religion among the Caribbean peoples he encountered. Sixteenth-century conquistador Pedro Cieza de León found the Peruvians "observing no religion at all, as we understand it." The seventeenth-century explorer Jacques Le Maire found in the Pacific islands "not the least spark of religion," and the eighteenth-century trader William Smith reported that Africans "trouble themselves about no religion at all." Into the nineteenth-century, Europeans found among the Aboriginies of Australia 'nothing whatever of the character of religion, or of religious observance, to distinguish them from the beasts that perish.'" (Cavanaugh 2009: 86)

Das *Entdecken* oder Feststellen *religiöser Abwesenheit* beziehungsweise das Nicht-(An-)Erkennen von *Religiosität* im Bezug auf indigene und lokale Glaubensvorstellungen, Mythen oder Rituale, verneinte nicht nur jegliche Formen indigener *Religion*, sondern produzierte gleichzeitig eine partikular christliche Konstruktion von Religion (Chidester 1996: 37). Dieser Prozess der Verneinung und

---

34 "The colonial domination of the West over 'the rest' in recent centuries has caused many Western categories and ideas to appear more universal than they might otherwise have seemed. An important feature of recent scholarship, therefore, has been to cast doubt upon the universal application of Western ideas and theories. Even the appropriateness of the notion of 'religion' in a non-Western context has been questioned on the grounds that it is the product of the cultural and political history of the West." (King 2010: 299)

Verleugnung kann nach Chidester jedoch nicht als ein irrtümlicher verstanden werden, sondern sollte vielmehr als eine *Methode der Legitimierung* im Rahmen des Kolonialismus gelesen werden. Da die Abwesenheit von Religion gleichzeitig mit der Abwesenheit weiterer Werte und Charakteristika gleichgesetzt wurde, repräsentierten sich koloniale Expansion und Eroberung als moralisch legitim und verantwortbar. Eben weil die zu kolonialisierenden Subjekte als areligiös dargestellt wurden und es ihnen an einem wichtigen Charakterzug menschlicher Existenz mangelte (Religion), konnten sie als minderwertige Subjekte verstanden werden, die weder Recht auf Leben, Land, Nutztiere oder sonst auf humane Arbeit hatten. Die *Entdeckung dieser Abwesenheit* ermöglichte also die kolonialen Projekte der Eroberung, Unterwerfung und Enteignung (Chidester 2000: 428)[35] Für den deutschen Kolonialismus lassen sich zum Beispiel eine lange und gewaltvolle Genealogie darstellen, welche die Figur der "Neger_in" von einer simplen Farbbezeichnung zu einem rassifizierten und sprachübergreifen Konzept etabliert, über welches dann „im Zuge des kolonialen Großmachtstrebens europäische Mächte Millionen Afrikaner_innen versklavten und zur Legitimierung ihrer Gewaltexzesse den Mythos einer Existenz von ‚Rassen' kreierten" (Arndt 2015: 653ff.; El-Tayeb 2001). In Konsequenz war die Figur der „Neger_in" nicht nur für Immanuel Kant oder Friedrich Hegel eine unzivilisierte und areligiöse Figur, sondern ein entsprechender Feind des deutschen Kolonialismus, dessen Existenz unter anderem keine Spuren von Religion kannte (Gründer 2012: 121-212; Hegel 1986; Kant 1985; Martin 2001). Die Verneinung von Religion war demnach nicht nur ein Diskurs der Ver-Anderung, welcher die einheimische Bevölkerung als nicht-menschlich, irrational, unberechenbar und faul konstruierte, sondern in die Praxis der Verneinung von jeglichen Rechten hinsichtlich Leben, Land und anderen Besitztümern mündete (Chidester 1996: 16).

Dieser Modus der Abwesenheit oder Verneinung von Religion änderte sich, sobald sich Kolonialregierungen beziehungsweise -administrationen durchgesetzt hatten. Für den südafrikanischen

35 Ähnliches hält zum Beispiel auch Cavanaugh (2009: 86) fest: "In their initial encounters, Europeans' denying religion to indigenous peoples was a way of denying them rights. If they lacked a basic human characteristic like religion, then native peoples could be treated as subhumans without legitimate claim to life, land, and other resources in their possession."

Kontext hat zum Beispiel Chidester detailliert herausgearbeitet, wie im Anschluss auf die kriegerischen Auseinandersetzungen zwischen Europäern und der einheimischen Bevölkerung Südafrikas – und der gewaltvollen Unterwerfung ebendieser Bevölkerung durch die Europäer – einheimische Formen eines religiösen Systems von Europäern *entdeckt* wurden. Ironischerweise, so hält er fest, hatten die entdeckten Religionen der südafrikanischen Volksgruppen dieselben Charakteristika, welche vorher zu einer Verneinung und Verleugnung indigener Religiosität geführt hatten. Ignoranz, Angst oder Aberglaube, die vor der kolonialen Herrschaftsetablierung noch als Indizien und Hinweise einer religiösen Abwesenheit im Zusammenhang der zu kolonisierenden Bevölkerung gewertet wurden, galten nach Etablierung kolonialer Herrschaft als entscheidende Charakteristika einer einheimischen Religiosität. Sowohl die *Verneinung* als auch die *Entdeckung* von Religion, müssen nicht nur als europäisch konstituiert, konstruiert, systematisiert und repräsentiert, sondern auch als herrschaftsdienlich verstanden werden (Chidester 1996: 19f., 39ff., 46ff., 102ff., 118ff.):

> "[T]he transcultural concept of religion has been adopted because it is useful for certain purposes. In other words, *religion is not a neutral scientific tool but is applied under circumstances in which configurations of power are relevant*. (...) [K]nowledge of non-Western Others, allowed for a certain measure of control of other peoples, especially since the knowledge was contained within the West's own system of classification, the West's own way of identifying what is religion and what is not." (Cavanaugh 2009: 100, Hervorhebung Z.A.)

Der Prozess *religiöser (An-)Erkennung* kategorisierte und kartographierte soziale Praxen der kolonisierten Bevölkerung nicht nur mit europäisch-christlichen Kategorien, sondern bettete den Prozess der Bezeichnung, also der herrschaftlichen und machtvollen Definition darüber, welche soziale Praxen als religiös und welche als nicht-religiös galten, in die konkreten Herrschaftsbedingungen ein. So begannen zum Beispiel Kolonialbeamte damit, den Begriff der Religion explizit auf koloniale Kontexte und Verhältnisse zu übertragen, hierbei diese Verhältnisse jenseits Europas entlang eurozentrischer Episteme zu ordnen und organisieren wie auch hierbei Religion zu (er)finden:

"It was the new context of colonial containment, however, that inspired the magistrate J.C. Warner to be the first to use the term, 'religion,' for Xhosa beliefs and practices. Insisting that Xhosa had a religious system, Warner worked out a kind of proto-functionalist analysis by determining that Xhosa religion was a religion because it fulfilled the functional 'purposes' of providing psychological security and social stability. Although Warner hoped that the Xhosa religion would ultimately be destroyed by military conquest and Christian conversion, he concluded that in the meantime *their indigenous religious system could function to keep them in their place just like the colonial magisterial system.* (...) The south African evidence suggests, therefore, that the 'discovery' of indigenous religions under colonial conditions was not necessarily a breakthrough in human recognition. As a corollary of the imposition of a colonial administrative system, the discovery of an indigenous religious system was entangled in the colonial containment of indigenous populations." (Chidester 2000: 429, Hervorhebung Z.A.)[36]

Über diesen komplexen wie machtvollen Prozess der Erfindung von Religion im kolonialen Kontext, ließ sich nicht nur eine hierarchische Klassifizierung aller Religionen durchsetzen, sondern auch „eine übersichtliche Kartographierung des Religiösen, seiner Zurechnung zu ‚Zivilisationen' und deren Abbildung auf Weltkarten der ‚Großen Religionen'" etablieren (Osterhammel 2010: 1243; vgl. auch Asad 1993: 42; Masuzawa 2005). Sowohl der entkörperlichte und personalisierte Religionsbegriff als auch die westlich-europäische Bezeichnung bestimmter Praxen als dezidiert *religiöse*, konstruierten und ermöglichten hierbei überhaupt ein epistemisches Verständnis für die Religion beziehungsweise das Religiöse in einem modern-säkularen Sinne. Die Entdeckung eines vermeintlich außereuropäischen Religionsverständnisses war nicht nur in ein kohärentes Wissenssystem europäischer Prägung integriert, welches mit einer gewaltvollen und hegemonialen Repräsentationspraxis außereuropäischer Religion einherging, sondern Religion wurde vielmehr als Instrument des Vergleichs, aber auch der Sinngebung – und gerade deshalb als ein Instrument der intel-

---

[36] Für einen ähnlichen Prozess kolonialer Religionsbildung während der Hochphase des europäischen Imperialismus vgl. Peterson 2002: 37-58.

lektuellen und politischen Kontrolle –, konzeptionalisiert (Peterson 2002: 38). Gleichzeitig waren Kartographierung und Klassifizierung von Religion dazu dienlich, die Unzulänglichkeit und Fehlerhaftigkeit nicht-westlicher Religiosität einerseits und die Überlegenheit und Erhabenheit westlicher Kulturen andererseits aufzuzeigen (Cavanaugh 2009: 100f.).[37] Diese endlosen Spekulationen hinsichtlich religiöser Differenz und Gemeinsamkeit boten modernen Europäern jedoch gleichzeitig die Möglichkeit, ihre *eigene* –von jener der *anderen* getrennte – christliche oder auch modern-säkulare Identität herauszuarbeiten (Masuzawa 2005: 18; Biswas 2002: 198). Einerseits wurde der außereuropäische Raum hierbei stets als religiöser und somit als unmoderner abgegrenzt, dargestellt, markiert oder verurteilt – in dem die Religion als omnipräsent galt. So zum Beispiel Mill im Hinblick auf Indien:

> "It is difficult to determine whether the constitution of the government and provisions of law, or Religion, have, among the

---

[37] Dass Religionen im außereuropäischen Kontext keine Selbstverständlichkeiten waren, die von europäischen Reisenden, Diplomaten, Missionaren, Soldaten oder Händlern bloß entdeckt wurden, sondern durch ebendiese und andere Erfunden und auf partikulare Weise konstruiert wurden, wird meiner Ansicht nach besonders am Beispiel des Buddhismus deutlich: "The creation of Buddhism took place in two more or less distinct phases. The first of these coincided with the first four decades of the nineteenth century. During this period, Buddhism was an object which was instanced and manifested 'out there' in the Orient, in a spatial location geographically, culturally, and therefore imaginatively other. Buddhism, as constructed in the West, made manageable that which was encountered in the East by travellers, diplomats, missionaries, soldiers, traders, and so on. Buddhism as a taxonomic object organized that which the Westerner confronted in an alien space, and in so doing made it less alien, less other. The locus of Buddhism was the Orient. This would subtly change in the first twenty-five years of the Victorian period. Originally existing 'out there' in the Oriental present, Buddhism came to be determined as an object the primary location of which was the West, through the progressive collection, translation, and publication of its textual past. Buddhism, by 1860, had come to exist, not in the Orient, but in the Oriental liberaries and institutes of the West, in its texts and manuscripts, at the desks of the Western savants who interpreted it. It had become a textual object, defined, classified, and interpreted through its own textuality. By the middle of the century, the Buddhism that existed 'out there' was beginning to be judged by a West that alone knew what Buddhism was, is, and ought to be. The essence of Buddhism came to be seen as expressed not 'out there' in the Orient, but in the West through the West's control of Buddhism's own textual past." (Almond 1988: 12f.). Vgl. hierzu ausführlicher Masuzawa 2005: 121-146 und King 1999: 143-160.

Hindus, the greatest influence upon the lives of individuals and the operations of society. Beside the causes which usually give superstition a powerful sway in ignorant and credulous ages, the order of priests obtained a greater authority in India than in any other region of the globe (...). Everything in Hindustan was transacted by the Deity. The laws were promulgated, the people were classified, the government established, by the Divine Being. The astonishing exploits of the Divinity were endless in that sacred land. For every function of nature; for every social transaction, God prescribed a number of religious observances." (Mill 1820: 1: 282)

Andererseits wurde es sich zur kolonialen Aufgabe gemacht, diese primitive und barbarische Omnipräsenz durch eine zivilisatorische zu ersetzen. Außereuropäische Religionen wurden stets als Ausdruck von Magie, Unmenschlichkeit, Fehlerhaftigkeit oder Fanatismus charakterisiert, deren unaufgeklärte, irrationale und unterentwickelte Verfassung einer säkular-humanistischen Entwicklung, die als neutral, objektiv und rational konstruiert und präsentiert wurde, weichen sollte (Dussel 2002: 184f.). Im Kontext der westlichen Repräsentation und Konstruktion von außereuropäischen Religionen, spielte die Situation der nicht-westlichen Frau eine besondere Rolle, galt sie doch im Rahmen dieser Auseinandersetzungen als grundsätzlich benachteiligt und unterdrückt. Sie aus den rigiden Verhältnissen einer *islamisch-patriarchalischen* oder auch *hinduistischen* Gesellschaftsstruktur zu befreien, wurde nicht nur als Bürde des weißen Mannes, sondern auch als zivilisatorischen Fortschritt der *islamischen* beziehungsweise *hinduistischen* Gesellschaft gewertet.[38] Religion war demnach keine ideologiefreie, neutrale und objektive Konstruktion, sondern operierte im Kontext partikularer Interessen der kolonialen Expansion.

38 "[T]he thesis of the new colonial discourse on Islam centered on women (...) was that Islam was innately and immutably oppressive to woman, that the veil and segregation epitomized that oppression, and that these customs were the fundamental reasons for the general and comprehensive backwardness of Islamic societies. Only if these practices ›intrinsic‹ to Islam (and therefore Islam itself) were cast off could Muslim societies begin to move forward on the path of civilization. Veiling - to *Western* eyes, the most visible marker of the differentness and inferiority of Islamic societies - became the symbol now of both the oppression of woman (or, in the language of the day, Islam's degradation of woman) and the backwardness of Islam, and it became the open target of colonial attack and the spearhead of the assault on

Über diese Funktionen hinaus, operierte der moderne Religionsdiskurs vor allem als ein "discourse of secularization" sowie "tool of secularization" (Masuzawa 2005: 20; Cavanaugh 2009: 101). Dieser Diskurs konstruierte somit nicht nur die höchst ideologische Kategorie des Religiösen, sondern auch die Kategorie des Säkularen. Die vermeintlich universalen und autonomen Sphären beider Kategorien, wurden auch und nicht zuletzt im Rahmen des Kolonialismus in Relation zueinander systematisiert:

> "[T]he search for (or the invention of) religions in all societies by colonizing Europeans and Americans was proceeding hand in hand with the search for principles of natural rights, laws, and markets. The discovery of religion as either the special repository of traditional values or alternatively a private realm of individual, non-political, otherworldly commitment made possible the construction of a sphere of this-worldly individual freedoms, laws, markets that were assumed to correspond to natural reason. (...) In reality the neutral, factual sphere, 'the secular' – the arena of scientific knowledge, modern politics, civil society, and individuals maximizing natural self-interest – is itself an ideological construction, and it is the location of fundamental modern western values. But it is presented as universal given to which all cultures (if they are fully rational) should conform." (Fitzgerald 2000: 5f.)

Meiner Ansicht nach wird sowohl die Etablierung dieser relationalen *Trennung* als auch die herrschaftsdienliche Funktion eben dieser besonders im indischen Kontext beziehungsweise in der kolonialen Konstruktion des Kastensystems deutlich.

Das indische Kastensystem wird im post-kolonialen Kontext als ein grundsätzlich religiöses Konstrukt verstanden. Generell wird die Meinung vertreten, dass das Kastensystem „durch religiöse Werte strukturiert" sei (Shattuk 2000: 49), die in ihrer Grundidee bereits zu „Zeiten der vedischen Hymnen" formuliert worden seien (Malinar 2009: 184). In Abgrenzung zu solch einem Kastenverständnis, dass die indische Kaste als eine transhistorische Größe im Rahmen des Hinduismus präsentiert, hat es gewichtige Einwände gegeben. Besonders Nicholas Dirks hat in seiner Auseinandersetzung deutlich gemacht, dass das indische Kastensystem

---

Muslim societies." (Ahmed 1992: 151f., Hervorhebung im Original, siehe auch Fanon 1965).

seine Ursprünge nicht im antiken Indien, sondern im britischen Kolonialismus hat (Dirks 1992: 59). Was heutzutage als eine jahrhundertealte religiöse Tradition des Hinduismus verstanden und charakterisier wird, die primär religiös und somit nicht-politisch sei, ist für Dirks zufolge ein handfestes Ergebnis kolonialer Herrschafts- und Machtpraxen (Dirks 1992: 61ff.; Sweetman 2007: 118). Über die Konstruktion eines autonom funktionierenden religiösen Bereichs, der von der britischen Kolonialmacht systematisiert und strukturiert wurde, war es dieser gleichzeitig möglich, säkulare Machtsphären zu etablieren und für sich selbst zu beanspruchen. Die Etablierung einer religiösen Sphäre und Kategorie, bringt folglich auch jene der Säkularen voran:

> "The importance of the religion-secular distinction here is that this construction of caste as religious enabled the displacement of kingly authority by the "transcendental spiritual authority" of the Brahman at the apex of the caste system. By separating religious and political authority in this manner, the British were able to arrogate political power to themselves, leaving India, with its supposed "fundamental civilizational disregard for the political", to occupy itself with religion." (Sweetman 2007: 118)

Die Trennung zwischen Religion und Politik beziehungsweise dem Religiösen und dem Säkularen intensivieren folglich was Frantz Fanon für die Kolonie als eine in „Abteil getrennte" Welt beschreibt, in der das kolonisierte Subjekt „ein eingepferchtes Wesen" ist, das als erstes lernt, „auf seinen Platz zu bleiben" und „die Grenzen nicht zu überschreiten" (Fanon 2008: 40). In Konsequenz wurde die Kategorie Religion nicht nur Teil von kolonialen Logiken der Repräsentation und Zivilisierungsmissionen, sondern ebenso Teil von konkreten administrativen Logiken kolonialer Macht- und Herrschaftsausübung. So hält z.B. schon Edward Said in seiner Studie zum Orientalismus fest, dass Napoleon in Ägypten Religion, also Islam, in die Erhaltung und Erweiterung kolonialer Herrschaft und Macht zu inkorporieren suchte. Als Napoleon nämlich erkannte, dass „seine Streitmacht nicht ausreiche, um sich Ägypten zu unterwerfen," sollten „die örtlichen Imame, Kadis, Muftis und Ulemas" dazu gebracht werden, „den Koran im Sinne der *Grand Armée* auszulegen" (Said 2009: 101). Für Said stand diese

„Taktik" der Inkorporation von Religion in die koloniale Herrschaft und Macht in einem deutlichen Gegensatz zu früheren Taktiken der kolonialen Macht. Er erinnert im selben Abschnitt explizit an das *Requerimiento* (dt. Aufforderung, Mahnung), einem Dokument das ab 1513 von spanischen Konquistadoren beim ersten Kontakt mit der zu kolonisierenden Bevölkerung verbindlich vorgelesen wurde. Die hierbei zur Geltung kommende koloniale Taktik operiert völlig anders und deutet insgesamt auf eine anders gelagerte Herrschafts- und Machtökonomie hin; eine, die die Religion der Anderen eben nicht zu inkorporieren suchte, sondern diese Anderen vielmehr als Feinde Gottes bezeichnete, die es höchstens zu konvertieren galt (Mastnak 2002; Moore 1987; Tolan 2002). Das napoleonische Beispiel verdeutlicht, dass die Kategorie Religion, um mit Michel Foucault (1993: 181) zu sprechen, im Rahmen der Staatsräson nicht unbedingt als rechte Lehre, jedoch aber als „moralische Qualität des Lebens" bedeutsam wird. Es ist in dieser Verschiebung, dass Religion als Ordnungs- und Regierungskategorie Relevanz gewinnt. Die napoleonische Taktik der Inkorporation von Religion in die Macht- und Herrschaftsstrukturen kolonialer Ordnung muss als Teil dieser Verschiebung verstanden werden. Wie Marcel Maussen, Veit Bader und Annelies Moors in ihrem Sammelband *Colonial and Post-Colonial Governance of Islam. Continuities and Ruptures* (2011) aufzeigen, ist *Inkorporation* lediglich eine unter einer Vielzahl von heterogenen, inkohärenten und inkonsistenten Strategien, die sich je nach kolonialen Zusammenhang ergeben. Trotz dieser Heterogenität existieren laut Veit Bader und Marcel Maussen (2011: 243; siehe auch 236ff.) „bemerkenswerte Ähnlichkeiten" hinsichtlich der kolonialen Regierung des Islam. So wird z.B. (unabhängig der jeweiligen europäischen Kolonialmacht) zunächst über die Kategorie *Religion* eine dezidiert *religiöse*, d.h. muslimische Population in den Kolonien konstruiert, die in einem nächsten Schritt hinsichtlich erwünschter und unerwünschter Anteile aufgeteilt, inspiziert und hierdurch epistemisch wie auch politisch für die koloniale Macht und Herrschaft Sichtbarkeit und Relevanz erlangt (Bonate 2011; Gottschalk 2017; Omar 2017: 21ff.).

Die Operationalisierungen der Religion, wie in diesem letzten Abschnitt der Arbeit aufgezeigt, gehen weit über das hinaus, was üblicherweise innerhalb liberal- und säkularisierungstheoretischer

Parameter zur Diskussion kommt. Religion nimmt eine zentrale Rolle und Funktion sowohl innerhalb kolonialer Diskurse als auch kolonialer Praktiken ein, die in Ausübungen der Herrschaft und Macht eingebettet sind. Hierbei wird deutlich, dass Religion nicht etwas ist, das schon existiert, sondern dass Religion erst diskursiv konstruiert und das dazugehörige Wissen entsprechend gesammelt und organisiert werden muss und sich auch in Bezug zu dem Säkularen formiert. Schlussendlich übersehen liberal- und säkularisierungstheoretische Perspektive die gewaltvollen Aspekte der epistemischen Konstitution von der Religion der Anderen, von Ver-Anderungsprozessen wie auch den Technologien der Macht und diesbezügliche Effekte, die sich anhand von *Religion* tätigen.

Schlussbemerkung & Ausblick: Über die anhaltende Relevanz imperial-kolonialer Formationen (auch für die Politische Theorie)

Was hat der mit postkolonialer Theorie gerüstete kritische Blick auf die liberale Vorstellung des Säkularismus und seiner religiös-säkularer Trennung letzten Endes gebracht? Zunächst kann ganz allgemein davon gesprochen werden, dass das liberal-westliche Säkularismuskonzept sich grundsätzlich auf eine rein europäische Erfahrung stützt und seine Theoretisierungen aus eben dieser Erfahrung zu rechtfertigen sucht. Die religiös-säkulare Trennung kann jedoch nicht nur aufgrund ihrer Genealogie, sondern auch aufgrund ihrer normativen Leitmotive problematisiert und herausgefordert werden. Während die liberal-westliche Konzeptionalisierung diese Trennung als die notwendige und unabdingbare Voraussetzung einer freiheitlichen und friedlichen Gesellschaft definiert, versucht eine postkoloniale Perspektive zuvorderst an jene verdrängten Ränder der Welt durchzudringen, deren koloniale Erfahrungen und Konsequenzen immer noch ungehört, konzeptionell unberücksichtigt beziehungsweise marginalisiert und unterprivilegiert geblieben sind. Gerade die Auseinandersetzung im dritten Kapitel hat deutlich gemacht, dass Religion weder als eine universale noch als eine von der Kategorie des Säkularen getrennte Größe konzeptionalisiert und verstanden werden kann. Vielmehr stellt Religion in ihrer liberal-westlichen Variante eine moderne Konstruktion dar, die einerseits grundsätzlich christlich-westliche Bezüge vorzuweisen hat und sich andererseits erst im Rahmen der kolonialen Expansion universalisiert hat. Die Universalisierung der Religion hat gleichzeitig auch die Universalisierung der Kategorie des Säkularen begünstigt, die ebenfalls keine autonome und eigenständige Kategorie darstellt. Im Rahmen der Moderne können Talal Asad zufolge beide als siamesische Zwillinge verstanden werden.

Somit hat eine postkolonial-kritische Neubetrachtung nicht nur deutlich gemacht, dass die Konstruktion und Etablierung der Kategorie des Säkularen besonders an die Konstruktion und Etablierung der Kategorie des Religiösen gekoppelt ist, und von dieser unterstützt wird, sondern dass keine von beiden als neutral, objektiv oder universal zu werten ist. Darüber hinaus kann aus postkolonial-kritischer Perspektive dahingehend argumentiert werden, dass sowohl die Genese als auch Geltung der beiden Kategorien nicht nur im Kontext kolonialer Expansion eingebettet ist, sondern erheblich mit Momenten der Macht- und Herrschaftsetablierung beziehungsweise -stabilisierung gekoppelt ist. Ersichtlich wird hierbei auch, dass die Erfindung von außereuropäischen Religionsformen nicht nur die Konfigurationen von säkularen Sphären mit sich bringt, sondern dass diese Trennung gleichzeitig in den orientalistischen Diskurs eingelassen ist, der die ontologische und epistemologische Differenz zwischen *dem Orient* und *dem Okzident*, zwischen Europa und seinem Anderen intensiviert. Sowohl die Genese als auch die Geltung der religiös-säkularen Trennung ist daher im Rahmen des kolonialen Herrschaftsverhältnisses eingebettet.

Für die Subdisziplin der politischen Theorie hat dies vor allem zwei wichtige Konsequenzen: Zunächst müssen die anhaltenden Leerstellen des europäischen Kolonialismus vehementer adressiert und reflektiert werden. Im Vergleich zu postkolonial-kritischen Aushandlungsprozessen in Disziplinen wie der Anthropologie, Geschichtswissenschaft oder Literaturwissenschaft haben Politikwissenschaft wie auch die politische Theorie erst kürzlich damit begonnen, den europäischen Kolonialismus und seine Konsequenzen zu reflektieren (Chandra 2013; Dhawan 2014, 2015; Mehta 1999; Kohn/McBride 2011; Krämer 2019; Pitts 2010; Ziai 2012a, 2012b, 2016). Gerade das Hauptargument dieser Arbeit, dass nämlich die Formation der religiös-säkularen Trennung nicht nur eine europäische, sondern ebenso eine koloniale Genealogie hat, macht aber deutlich, dass politiktheoretische Arbeiten in Zukunft koloniale Räume nicht einfach außen vor lassen dürfen, als ob sich zentrale Untersuchungsgegenstände der politischen Theorie, zu denen Religion mittlerweile auch zählt, allein in Europa formiert hätten. Dieser geographischen Reorientierung folgen zwangläufig analytisch-konzeptionelle Einsichten, die eine liberal- und säkularisierungstheoretische Perspektive noch nicht ausreichend berücksichtigt hat. Wie der Blick in den europäischen Kolonialismus gezeigt hat, formieren sich das Religiöse und das Säkulare nicht nur im Tandem, sondern operieren hierbei als Kategorien die differenzstrukturierend und ordnungsgebend innerhalb der Kolonie sind. Sowohl über den Begriff der Religion wie auch den Begriff des Säkularen tätigen sich Zuordnungen und Klassifikationen hinsichtlich kolonialen Subjekten und ihren Lebensformen, die wiederum

Konsequenzen für die macht- und herrschaftspolitische Konfiguration haben. Somit eröffnet sich ein weiter Analyseraum, der auch innerhalb der politischen Theorie kaum systematisch reflektiert ist: nämlich wie Begriffe wie Religion oder Säkular, aber auch die diskursiv konstituierte Differenz zwischen beiden, macht- und herrschaftsanalytisch betrachtet werden könnte.

Schließlich gilt es noch zu erwähnen, dass hierdurch auch für die Politikwissenschaft Fragen an Relevanz gewinnen, die in anderen Disziplinen schon länger diskutiert werden, nämlich jene nach der Wirkmächtigkeit und (Dis-)Kontinuität kolonialer Episteme, Strukturen und Ordnungen für unsere Gegenwart ganz allgemein und für das thematisch eingegrenzte Feld von Religion und Moderne im Besonderen. Zahlreiche Arbeiten haben sich in den letzten Jahren eingehend mit Fragen der Dis-/Kontinuität imperialer Formation auseinandergesetzt (Mbembe 2001; Scott 2014; Stoler 2016). Und obwohl genealogische Zugriffe innerhalb der politischen Theorie keine Seltenheit darstellen, sind sie meines Wissens nicht in Rekurs auf imperial-koloniale Fragestellungen geleistet worden (Joas 2011; Leanza 2017; Muhle 2008; Saar 2007; Senne/Hesse 2019), womit sicherlich auch die anhaltende Ungewissheit Postkolonialer Studien für Deutschland zu tun haben könnte. Wenn also „keine Region dieser Erde den Wirkungen kolonialer Herrschaft entkommen konnte" und koloniale Beziehungen wie auch kolonialistische Diskurse überall (wenn auch nicht gleicher Weise) „tiefe Spuren hinterlassen" haben (Castro Varela/Dhawan 2005: 11), dann muss in Konsequenz danach gefragt werden, wie eine postkolonial informierte politische Theorie sich solch einer Herausforderung stellen kann und inwieweit auch aktuelle Fragestellungen und Problematisierungen innerhalb der politischen Theorie eine koloniale Genealogie haben, die bisher unreflektiert geblieben ist. Ich hoffe, die vorliegende Studie hat hierzu eine annehmbare Möglichkeit aufgezeigt.

Literaturverzeichnis

Ahdar, Rex; Leigh Ian (Hg.) (2005): Religious freedom in the liberal state. Oxford: Oxford Univ. Press.

Ahlheim, Karl-Heinz (Hg.): Meyers grosses Universal-Lexikon. In 15 Bänden mit Atlasband und 4 Ergänzungsbänden; mit 30 namentlich signierten Sonderbeiträgen. Mannheim u.a.: Bibliographisches Institut.

Ahmad, Aijaz (1992): In Theory. Classes, Nations, Literatures. London u.a.: Verso.

Ahmed, Leila (1992): Women and Gender in Islam. Historical roots of a modern debate. New Haven u.a.: Yale Univ. Press.

al Azmeh, Aziz (1996): Die Islamisierung des Islam. Imaginäre Welten einer politischen Theologie. Frankfurt u.a.: Campus-Verl.

al Masseri, Abdulwahab (1994): The Imperialist Epistemological Vision. In: The American Journal of Islamic Social Sciences 11, S. 403–415.

Almond, Philip C. (1988): The British discovery of Buddhism. Cambridge u.a.: Cambridge Univ. Press.

Anidjar, Gil (2006): Secularism. In: Critical Inquiry 33, S.52-77.

Arndt, Susan (2015): ‚Neger_in'. In: Arndt, Susan; Ofuatey-Alazard, Nadja (Hrsg.): Wie Rassismus aus Wörtern spricht. (K)Erben des Kolonialismus im Wissensarchiv der deutschen Sprache. Münster: Unrast, S.653-657.

Asad, Talal (1979): Anthropology and the Analysis of Ideology. In: Man 14, S. 607–627.

Asad, Talal (1983): Anthropological Conceptions of Religion: Reflections on Geertz. In: Man 18, S. 237–259.

Asad, Talal (1992): Conscripts of Western Civilization. In: Gailey, Christine Ward (Hg.): Civilization in crisis. Anthropological perspectives. Gainesville, Fla. u.a.: Univ. Press of Florida, S. 333–351.

Asad, Talal (1992): Religion and Politics: An Introdution. In: Social Research 59, S. 3–16.

Asad, Talal (1993): A Comment on Aijaz Ahmad's In Theory. In: Public Culture 6, S. 31–39.

Asad, Talal (1993): Genealogies of Religion. Discipline and reasons of power in Christianity and Islam. Baltimore Md.[u.a.]: The Johns Hopkins Univ. Press.

Asad, Talal (1997): Europe against Islam: Islam in Europe. In: The Muslim World 87, S. 183–195.

Asad, Talal (2001): On Re-reading a Modern Classic: W. C. Smith's The Meaning and End of Religion. In: History of Religions 40, S. 205–222.

Asad, Talal (2003): Formations of the secular. Christianity, Islam, modernity. Stanford Calif.: Stanford University Press.

Asad, Talal (2006): Trying to Understand French Secularism. In: Vries, Hent de (Hg.): Political theologies. Public religions in a post-secular world. New York: Fordham Univ. Press, S. 494–526.

Asad, Talal (2009): Response to Gil Anidjar. In: Interventions 11, S. 394–399.

Asad, Talal (2010): Thinking about religious belief and politics, S. 1–21. Online verfügbar unter https://iah.unc.edu/news/EventDocuments/asadreligionpolitics/view?searchterm=Asad.

Asad, Talal; Brown, Wendy; Butler, Judith; Mahmood, Saba (2009): Is critique secular? Blasphemy, injury, and free speech. Berkeley, Calif.: Townsend Center for the Humanities.

Ashcroft, Bill (2001): Edward Said. New York: Routledge.

Ashcroft, Bill; Griffiths, Gareth; Tiffin, Helen (1998): Key Concepts in Post-Colonial Studies. London u.a.: Routledge.

Ashcroft, Bill; Griffiths, Gareth; Tiffin, Helen (Hg.) (2009): The Post-Colonial Studies Reader. London u.a: Routledge.

Aslanian, Sebouh; Wimer, Lynn (1994): Of Anthropology and Colonialism: An Interview with Talal Asad. In: Conference: A Journal of Philosophy and Theory 5, S. 71–89.

Attia, Iman (Hg.) (2007): Orient- und IslamBilder. Interdisziplinäre Beiträge zu Orientalismus und antimuslimischen Rassismus. Münster: Unrast.

Bachmann-Medick, Doris (2009): Cultural turns. Neuorientierungen in den Kulturwissenschaften. Reinbek bei Hamburg

Baeder, Veit/Maussen, Marcel (2011): Conclusion. In: Maussen, Marcel/ Bader, Veit/Moors, Annelies (Hrsg.): Colonial and Post-Colonial Governance of Islam. Continuities and Ruptures. Amsterdam: Amsterdam University Press, S. 233-248.

Bahr, Ehrhard (Hg.) (1974): Was ist Aufklärung? Thesen und Definitionen. Stuttgart: Reclam.

Balagangadhara, S. N. (1994): The Heathen in His Blindness. Asia, the West and the Dynamic of Religion. Leiden: Brill.

Bangstad, Sindre (2009): Contesting secularism/s. Secularism and Islam in the work of Talal Asad. In: Anthropological Theory 9, S. 188–208.

Barker, Francis (Hg.) (1984): Europe and Its Others. Colchester: Univ. of Essex.

Barskanmaz, Cengiz (2009): Das Kopftuch als das Andere. Eine notwendige postkoloniale Kritik des deutschen Rechtsdiskurses. In: Berghahn, Sabine (Hg.): Der Stoff, aus dem Konflikte sind. Debatten um das Kopftuch in Deutschland, Österreich und der Schweiz. Bielefeld: Transcript, S. 361–392.

Barth, Boris (Hg.) (2005): Zivilisierungsmissionen. Imperiale Weltverbesserung seit dem 18. Jahrhundert. Konstanz: UVK-Verl.-Ges.

Barth, Boris (Hg.) (2007): Das Zeitalter des Kolonialismus. 1. Aufl. Stuttgart: Theiss.

Bayly, Christopher A. (2004): The birth of the modern world, 1780 - 1914. Global connections and comparisons. Oxford u.a.: Blackwell.

Bechhaus-Gert, Marianne; Zeller, Joachim (2018): Deutschland postkolonial?: die Gegenwart der imperialen Vergangenheit. Berlin: Metropol.

Beck, Ulrich (2008): Der eigene Gott. Von der Friedensfähigkeit und dem Gewaltpotential der Religionen. Frankfurt am Main u.a.: Verl. der Weltreligionen.

Berghahn, Sabine (Hg.) (2009): Der Stoff, aus dem Konflikte sind. Debatten um das Kopftuch in Deutschland, Österreich und der Schweiz. Bielefeld: Transcript.

Bernstein, Richard (Hrsg.) (1985): Habermas and Modernity. Cambridge u.a.: Polity Press.

Bhabha, Homi K. (1994): The Location of Culture. London u.a.: Routledge.

Bhabha, Homi K. (1996): Postkoloniale Kritik. Vom Überleben der Kultur. In: Das Argument 38, S. 345–359.

Bhargava, Rajeev (1999): Introduction. In: Bhargava, Rajeev (Hg.): Secularism and its Critics. Oxford: Oxford Univ. Press, S. 1–28.

Bhargava, Rajeev (Hg.) (1999): Secularism and its Critics. Oxford: Oxford Univ. Press.

Bhargava, Rajeev (1999): What is Secularism For? In: Bhargava, Rajeev (Hg.): Secularism and its Critics. Oxford: Oxford Univ. Press, S. 486–542.

Bhargava, Rajeev (2009): Political secularism: why it is needed and what can be learnt from its Indian version. In: Levey, Geoffrey Brahm; Modood, Tariq (Hg.): Secularism, Religion and Multicultural Citizenship. Cambridge: Cambridge Univ. Press, S. 82–109.

Bielefeldt, Heiner (2001): Säkularisierung - ein schwieriger Begriff: Versuch einer praktischen Orientierung. In: Hildebrandt, Mathias; Brocker, Manfred; Behr, Hartmut (Hg.): Säkularisierung und Resakralisierung in westlichen Gesellschaften. Ideengeschichtliche und theoretische Perspektiven. Wiesbaden: Westdt. Verl., S. 29–42.

Bielefeldt, Heiner (2003): Muslime im säkularen Rechtsstaat. Integrationschancen durch Religionsfreiheit. Bielefeld: Transcript.

Bielefeldt, Heiner (2005): Nicht nur „ein Stück Stoff". Das Kopftuch in der politischen Debatte. Online verfügbar unter http://www.bpb.de/themen/S4IRKE,0,0,Nicht_nur_ein_St%FCck_Stoff.html.

Bilimoria, Purushottama; Irvine, Andrew B. (Hg.) (2009): Postcolonial philosophy of religion. Dordrecht: Springer.

Biswas, Shampa (2002): The ›New Cold War‹. Secularism, orientalism, and postcoloniality. In: Chowdhry, Geeta (Hg.): Power, Postcolonialism and International Relations. Reading race, gender and class. London u.a.: Routledge, S. 184–208.

Bock, Heike; Feuchter, Jörg; Knecht, Michi (Hg.) (2008): Religion and Its Other. Secular and Sacral Concepts and Practices in Interaction. Frankfurt am Main u.a.: Campus-Verlag.

Böckenförde, Ernst-Wolfgang (2007): Der säkularisierte Staat. Sein Charakter, seine Rechtfertigung und seine Probleme im 21. Jahrhundert. München: Carl-Friedrich-von-Siemens-Stiftung.

Bonate, Liazzat J.K. (2011): Governance of Islam in colonial Mozambique. In: Maussen, Marcel/ Bader, Veit/Moors, Annelies (Hrsg.): Colonial and Post-Colonial Governance of Islam. Continuities and Ruptures. Amsterdam: Amsterdam University Press, S. 29-47.

Bonns-Grafé, Marie-Claire (1998): Other/other. In: Wright, Elizabeth (Hg.): Feminism and Psychoanalysis. A Critical Dictionary. Oxford u.a.: Blackwell, S. 296–299.

Braun, Christina von (Hg.) (2007): Säkularisierung. Bilanz und Perspektiven einer umstrittenen These. Berlin u.a.: Lit.

Braun, Willi (Hg.) (2000): Guide to the Study of Religion. London u.a.: Cassell.

Brieskorn, Norbert (2008): Vom Versuch, eine Beziehung wieder bewußtzumachen. In: Reder, Michael; Schmidt, Josef (Hg.): Ein Bewußtsein von dem, was fehlt. Eine Diskussion mit Jürgen Habermas. Frankfurt am Main: Suhrkamp, S. 37–50.

Brittain, Christopher Craig (2005): The ›Secular‹ as a tragic category. On Talal Asad, Religion and Representation. In: Method & Theory in the Study of Religion 17, S. 149–165.

Bronfen, Elisabeth (Hg.) (1997): Hybride Kulturen. Beiträge zur anglo-amerikanischen Multikulturalismusdebatte. Tübingen: Stauffenburg.

Browning, Christopher S.; Christou, George (2010): The constitutive power of outsiders: The European neighbourhood policy and the eastern dimension. In: Political Geography 29, S. 109–118.

Brunner, Otto (Hg.) (1984): Geschichtliche Grundbegriffe: historisches Lexikon zur politisch-sozialen Sprache in Deutschland. Stuttgart: Klett-Cotta.

Burgmer, Christoph; Miles, Robert (Hg.) (1999): Rassismus in der Diskussion. Gespräche mit Robert Miles, Edward W. Said, Albert Memmi, Günter Grass, Wolfgang Benz, Wolfgang Wippermann, Birgit Rommelspacher, Teun A. van Dijk, Stuart Hall. Berlin: Elefanten Press.

Butler, Judith (2008): Sexual politics, torture, and secular time. In: The British Journal of Sociology 59, S. 1–23.

Cady, Linell Elizabeth; Hurd, Elizabeth Shakman (2010): Comparative secularisms in a global age. New York: Palgrave Macmillan.

Cahoone, Lawrence E. (2003): From Modernism to Postmodernism. An anthology. Malden, MA: Blackwell Publishers.

Calhoun, Craig (2010): Rethinking Secularism. In: The Hedgehog Review, S. 35–48.

Casanova, José (1994): Public religions in the modern world. Chicago u.a.: Univ. of Chicago Press.

Casanova, José (1996): Chancen und Gefahren öffentlicher Religion. Ost- und Westeuropa im Vergleich. In: Kallscheuer, Otto; Brague, Rémi (Hg.): Das Europa der Religionen. Ein Kontinent zwischen Säkularisierung und Fundamentalismus. Frankfurt am Main: Fischer, S. 181–210.

Casanova, José (2008): Public Religions Revisited. In: Vries, Hent de (Hg.): Religion. Beyond a concept. New York: Fordham Univ. Press, S. 101–119.

Casanova, José (2008): Secularization Revisited: A Reply to Talal Asad. In: Scott, David (Hg.): Powers of the Secular Modern. Talal Asad and his Interlocutors. Standford, Calif.: Stanford Univ. Press, S. 12–30.

Casanova, José (2009): Europas Angst vor der Religion. Berlin: Berlin Univ. Press.

Casanova, José (2009): The Secular and Secularism. In: Social Research 76, S. 1049–1066.

Casanova, José (2010): Säkularismus - Ideologie oder Staatskunst? In: Transit 39, S. 29–44.

Cassirer, Ernst (1973): Die Philosophie der Aufklärung. Tübingen: Mohr.

Castro Varela, María do Mar; Dhawan, Nikita (2005): Postkoloniale Theorie. Eine kritische Einführung. Bielefeld: Transcript.

Castro Varela, María do Mar; Dhawan, Nikita (2007): Orientalismus und postkoloniale Theorie. In: Attia, Iman (Hg.): Orient- und IslamBilder. Interdisziplinäre Beiträge zu Orientalismus und antimuslimischen Rassismus. Münster: Unrast, S. 31–44.

Castro Varela, Mariá do Mar; Dhawan, Nikita; Randeria, Shalini (2009): Postkoloniale Theorie. In: Günzel, Stephan (Hg.): Raumwissenschaften. Frankfurt, M.: Suhrkamp, S. 308–323.

Castro Varela, María do Mar; Dhawan, Nikita (2010): Mission Impossible: Postkoloniale Theorie im deutschsprachigen Raum. In: Reuter, Julia (Hg.): Postkoloniale Soziologie. Empirische Befunde, theoretische Anschlüsse, politische Intervention. Bielefeld: Transcript, S. 303–329.

Cavanaugh, William T. (1995): ›A Fire strong enough to consume the House:‹ The Wars of Religion and the rise of the State. In: Modern Theology 11, S. 397–420.

Cavanaugh, William T. (2007): Colonialism and the myth of religious violence. In: Fitzgerald, Timothy (Hg.): Religion and the secular. Historical and colonial formations. London: Equinox, S. 241–262.

Cavanaugh, William T. (2009): The myth of religious violence. Secular ideology and the roots of modern conflict. New York u.a.: Oxford Univ. Press.

Césaire, Aimé (1972): Discourse on Colonialism. New York, NY: Monthly Review Press.

Chahrokh, Haleh (2009): Diskriminierung im Namen der Neutralität. Human Rights Watch. Online verfügbar unter http://www.hrw.org/node/80861.

Chakrabarty, Dipesh (2000): Provincializing Europe. Postcolonial thought and historical difference. Princeton, NJ u.a.: Princeton Univ. Press.

Chakrabarty, Dipesh (2002): Europa provinzialisieren. Postkolonialität und die Kritik der Geschichte. In: Conrad, Sebastian; Randeria, Shalini (Hg.): Jenseits des Eurozentrismus. Postkoloniale Perspektiven in den Geschichts- und Kulturwissenschaften. Frankfurt/Main u.a.: Campus-Verl., S. 283–312.

Chandra, Uday (2013): The Case for a Postcolonial Approach to the Study of Politics. In: New Political Science 23, 3, S. 479–491.

Chatterjee, Partha (1993): The nation and its fragments. Colonial and postcolonial histories. Princeton, N.J.: Princeton Univ. Press.

Chatterjee, Partha (2008): Fasting for Bin Laden: The Politics of Secualrization. In: Scott, David (Hg.): Powers of the secular modern. Talal Asad and his interlocutors. [Nachdr.]. Standford, Calif.: Stanford Univ. Press, S. 57–74.

Chidester, David (1996): Savage systems. Colonialism and comparative religion in Southern Africa. Charlottesville u.a.: Univ. Press of Virginia.

Chidester, David (2000): Colonialism. In: Braun, Willi (Hg.): Guide to the Study of Religion. London u.a.: Cassell, S. 423–437.

Chidester, David (2001): ›Classify and conquer‹. Friedrich Max Müller, indigenous religious traditions, and imperial comparative religions. In: Olupona, Jacob O. (Hg.): Beyond primitivism. Indigenous religious traditions and modernity. London u.a.: Routledge, S. 71–88.

Chidester, David (2007): Real and imagined: imperial inventions of religion in colonial southern Africa. In: Fitzgerald, Timothy (Hg.): Religion and the secular. Historical and colonial formations. London: Equinox, S. 153–175.

Chowdhry, Geeta (Hg.) (2002): Power, Postcolonialism and International Relations. Reading race, gender and class. London u.a.: Routledge.

Claerhout, Sarah (2008): Review Essay: Religion and the Secular. In: Numen 55, S. 601–607.

"Colonialism" (1985). In: Goetz, Philip W.; Hoiberg, Dale H.; MacHenry, Robert (Hg.): The new Encyclopaedia Britannica. In 32 volumes. 15. ed. Chicago u.a.: Encyclopaedia Britannica.

Connolly, William E. (1999): Why I am not a secularist. Minneapolis: Univ. of Minnesota Press.

Connolly, William E. (2008): Europe: A Minor Tradition. In: Scott, David (Hg.): Powers of the Secular Modern. Talal Asad and his Interlocutors. Standford, Calif.: Stanford Univ. Press, S. 75–92.

Conrad, Sebastian; Randeria, Shalini (2002): Einleitung. Geteilte Geschichten - Europa in einer postkolonialen Welt. In: Conrad, Sebastian; Randeria, Shalini (Hg.): Jenseits des Eurozentrismus. Postkoloniale Perspektiven in den Geschichts- und Kulturwissenschaften. Frankfurt am Main u.a.: Campus-Verl., S. 9–49.

Conrad, Sebastian; Randeria, Shalini (Hg.) (2002): Jenseits des Eurozentrismus. Postkoloniale Perspektiven in den Geschichts- und Kulturwissenschaften. Frankfurt am Main u.a.: Campus-Verl.

Cooper, Frederick (2005): Colonialism in question. Theory, knowledge, history. Berkeley, Calif. u.a.: Univ. of Calif. Press.

Curley, Edwin (2007): Hobbes and the Cause of Religious Toleration. In: Springborg, Patricia (Hg.): The Cambridge companion to Hobbes's Leviathan. Cambridge u.a.: Cambridge Univ. Press, S. 309–334.

Curtis, Michael (2009): Orientalism and Islam. European thinkers on Oriental despotism in the Middle East and India. Cambridge u.a.: Cambridge Univ. Press.

Daniel, Anna (2016): Die Grenzen des Religionsbegriffs. Eine Postkolniale Konfrontation des Religionssoziologischen Diskurses. Bielefeld: transcript.

Davaney, Sheila Greeve (2009): The Religious-Secular Divide: The U.S. Case. In: Social Research 76, S. 1327–1332.

Das, Veena (2008): Secularism and the Argument from Nature. In: Scott, David (Hg.): Powers of the Secular Modern. Talal Asad and his Interlocutors. Standford, Calif.: Stanford Univ. Press, S. 93–112.

Dhawan, Nikita (2009a): Feministische Postkoloniale Theorie: Gender und (De-) Kolonisierungsprozesse. Europa provinzialisieren? Ja, bitte! Aber wie? In: Femina Politica, S. 9–18.

Dhawan, Nikita (2009b): Zwischen Empire und Empower. In: Femina Politica, S. 52–63.

Dhawan, Nikita (Hrsg.) (2014): Decolonizing Enlightenment: Transnational Justice, Human Rights and Democracy in a Postcolonial World. Opladen und Farmington Hills: Barbara Budrich Verlag.

Dhawan, Nikita (2015): Homonationalism and State-Phobia. The Postcolonial Predicament of Queering Modernities. In: Manuela

Lavinas Picq & María Amelia Viteri (Hrsg.): Queering Narratives of Modernity, New York: Peter Lang, S. 51-68.

Dirks, Nicholas B. (2009): Colonialism and Culture. In: Ashcroft, Bill; Griffiths, Gareth; Tiffin, Helen (Hg.): The Post-Colonial Studies Reader. London u.a: Routledge, S. 57–61.

Dirlik, Arif (1994): The Postcolonial Aura: Third World Criticism in the Age of Global Capitalism. In: Critical Inquiry 20, S.328-356.

Dirlik, Arif (2002): Rethinking Colonialism: Globalization, Postcolonialism, And The Nation. In: Interventions 4, S. 428–448.

Dryzek, John S. (Hrsg.) (2006): The Oxford Handbook of Political Theory. Oxford [u.a.]: Oxford University Press.

Duncan, James (2007): In the Shadows of the Tropics. Hampshire: Ashgate.

Durkheim, Émile (2007): Die elementaren Formen des religiösen Lebens. 1. Aufl. Schmidts, Ludwig (Hg.). Frankfurt am Main: Verlag der Weltreligionen.

Dussel, Enrique (2002): World Religions and Secularization from a Postcolonial and Anti-Eurocentric Perpsective. In: Peterson, Derek; Walhof, Darren (Hg.): The Invention of Religion. Rethinking Belief in Politics and History, Rutgers University Press

Dutton, Michael; Gandhi, Leela; Seth, Sanjay (1999): The toolbox of postcolonialism. In: Postcolonial Studies 2, S. 121–124.

Eberle, Chris; Cuneo, Terence (2008): Religion and Political Theory. In: Stanford Encyclopedia of Philosophy. Online verfügbar unter http://plato.stanford.edu/entries/religion-politics/index.html, zuletzt geprüft am 1.März 2011.

Eckert, Andreas (2008): Der Kolonialismus im europäischen Gedächtnis. In: Aus Politik und Zeitgeschichte 1-2, S.31-38.

Eckert, Andreas; Randeria, Shalini (2009): Vom Imperialismus zum Empire? Globalisierung aus außereuropäischer Sicht. Online verfügbar unter http://www.ethno.uzh.ch/publications/pdfs/2009VomImperialismusZumEmpire.pdf.

Eisenstadt, Shmuel N. (2000): Multiple Modernities. In: Daedalus 129, S. 1–29.

El-Tayeb, Fatima (2001): Schwarze Deutsche: der Diskurs um „Rasse“ und nationale Identität 1890-1933. Frankfurt am Main u.a.: Campus.

Ende, Werner; Steinbach, Udo (Hg.) (2005): Der Islam in der Gegenwart. Bonn: Bpb.

Elsas, Ch. (1992): Religion. In: Ritter, Joachim et. a. (Hrsg.): Historische Wörterbuch der Philosophie, Bd. 8. Darmstadt: Wiss. Buchges., S. 632-714.

Etherington, Norman (Hg.) (2007): Missions and Empire. Oxford u.a.: Oxford Univ. Press.

Fanon, Frantz (1965): Algeria Unveiled. In: Monthly Review, S.161-185.

Fanon, Frantz (2008): Die Verdammten dieser Erde. Frankfurt, M.: Suhrkamp.

Fitzgerald, Timothy (2000): The ideology of Religious Studies. New York u.a.: Oxford Univ. Press.

Fitzgerald, Timothy (2003): Playing Language Games and Performing Rituals: Religious Studies as Ideological State Apparatus. In: Method & Theory in the Study of Religion 15, S. 209–254.

Fitzgerald, Timothy (2007): Encompassing Religion, privatized religions and the invention of modern politics. In: Fitzgerald, Timothy (Hg.): Religion and the Secular. Historical and Colonial Formations. London: Equinox, S. 211–240.

Fitzgerald, Timothy (2007): Introduction. In: Fitzgerald, Timothy (Hg.): Religion and the Secular. Historical and Colonial Formations. London: Equinox, S. 1–24.

Fitzgerald, Timothy (Hg.) (2007): Religion and the Secular. Historical and Colonial Formations. London: Equinox.

Fitzgerald, Timothy (2008): Religion is not a standalone category. Online verfügbar unter http://blogs.ssrc.org/tif/2008/10/29/religion-is-not-a-standalone-category/, zuletzt geprüft am 18.01.2011.

Forst, Rainer (1996): Kontexte der Gerechtigkeit. Politische Philosophie jenseits von Liberalismus und Kommunitarismus. Frankfurt am Main: Suhrkamp.

Forst, Rainer (2003): Toleranz im Konflikt. Geschichte, Gehalt und Gegenwart eines umstrittenen Begriffs. Frankfurt am Main: Suhrkamp.

Forst, Rainer (Hg.) (2009): Sozialphilosophie und Kritik. Frankfurt am Main.: Suhrkamp.

Foucault, Michel (1981): Archäologie des Wissens. Frankfurt am Main: Suhrkamp.

Foucault, Michel (1993): Die politische Technologie der Individuen. In: Martin Luther H. et. al. (Hrsg.): Die Technologien des Selbst. Frankfurt a.M.: Fischer, S. 168-187.

Foucault, Michel (1997): The Politics of Truth. Cambrdige, Mass: MIT Press.

Foucault, Michel (1999a): Botschaften der Macht. Der Foucault-Reader, Diskurs und Medien. Engelmann, Jan (Hg.). Stuttgart: Dt. Verl.-Anst.

Foucault, Michel (1999b): Die Maschen der Macht. In: Foucault, Michel: Botschaften der Macht. Der Foucault-Reader, Diskurs und Medien. Herausgegeben von Jan Engelmann. Stuttgart: Dt. Verl.-Anst., S. 172–186.

Foucault, Michel (1999c): Warum ich die Macht untersuche. In: Foucault, Michel: Botschaften der Macht. Der Foucault-Reader, Diskurs und Medien. Herausgegeben von Jan Engelmann. Stuttgart: Dt. Verl.-Anst., S. 161–171.

Foucault, Michel; Konersmann, Ralf (2007): Die Ordnung des Diskurses. Frankfurt am Main: Fischer Taschenbuch.

Frank, Michael C. (2004): Kolonialismus und Diskurs: Michel Foucaults ›Archäologie‹ in der postkolonialen Theorie. In: Kollmann, Susanne (Hg.): PostModerne De-Konstruktionen. Ethik, Politik und Kultur am Ende einer Epoche. Münster: Lit, S. 139–155.

Franz, Albert (Hg.) (2007): Lexikon philosophischer Grundbegriffe der Theologie. Freiburg im Breisgau u.a.: Herder.

Franzki, Hannah/Aikins, Joshua Kwesi (2010): Postkoloniale Studien und kritische Sozialwissenschaft. In: PROKLA. Zeitschrift für kritische Sozialwissenschaft 40, 1, S. 9-28.

Fuss, Diana (1999): Interior Colonies: Frantz Fanon and the Politics of Identification. In: Diacritics 24, S. 20–42.

Gabriel, Karl (2008): Jenseits von Säkularisierung und Wiederkehr der Götter. In: Aus Politik und Zeitgeschichte 52, S. 9–15.

Gailey, Christine Ward (Hg.) (1992): Civilization in crisis. Anthropological perspectives. Gainesville, Fla. u.a.: Univ. Press of Florida.

Gandhi, Leela (1998): Postcolonial theory. A Critical Introduction. Edinburgh: Edinburgh Univ. Press.

Gay, Peter (1976): The rise of modern paganism. New York: Knopf.

Gay, Peter (1978): The science of freedom. New York: Knopf.

Gifford, Paul (2010): Defining ›Others‹: how interperceptions shape identities. In: Gifford, Paul; Hauswedell Tessa (Hg.): Europe and Its Others. Essays on interperception and identity. Oxford u.a.: Lang, S. 13–38.

Gifford, Paul; Hauswedell Tessa (Hg.) (2010): Europe and Its Others. Essays on interperception and identity. Oxford u.a.: Lang.

Gilroy, Paul (1993): The Black Atlantic: Modernity and Double Consciousness. Cambridge, Mass.: Harvard University Press.

Giordano, Christian; Greverus, Ina-Maria (Hg.) (1996): Anthropological Journal on European Cultures (AJEC). Vol. 5.

Goetz, Philip W.; Hoiberg, Dale H.; MacHenry, Robert (Hg.) (1985): The new Encyclopaedia Britannica. Chicago u.a.: Encyclopaedia Britannica.

Göhler, Gerhard (Hg.) (2004): Politische Theorie. 22 umkämpfte Begriffe zur Einführung. Wiesbaden: VS, Verl. für Sozialwiss.

Göttsche, Dirk; Dunker, Axel; Dürbeck, Gabriele (2017): Handbuch Postkolonialismus und Literatur. Stuttgart: J.B. Metzler.

Goldberg, David Theo (Hg.) (2002): Relocating postcolonialism. Oxford u.a.: Blackwell.

Gosepath, Stefan/Hinsch, Wilfried/Celikates, Robin (Hrsg.) (2008): Handbuch der politischen Philosophie und Sozialphilosophie. Berlin: de Gruyter.

Goss, Jasper (1996): Postcolonialism: subverting whose empire? In: Third World Quarterly 17, S. 239–250.

Gottschalk, Sebastian (2017): Kolonialismus und Islam: deutsche und britische Herrschaft in Westafrika (1900-1914). Frankfurt [u.a.]: Campus.

Gründer, Horst (2012): Geschichte der deutschen Kolonien. Paderborn: Schöningh.

Günzel, Stephan (Hg.) (2009): Raumwissenschaften. Frankfurt am Main.: Suhrkamp.

Ha, Kien Nghi (2004): Ethnizität und Migration reloaded: Kulturelle Identität, Differenz und Hybridität im postkolonialen Diskurs. Berlin: Wissenschaftsverlag Berlin

Ha, Kien Nghi (2010): Postkoloniale Kritik als politisches Projekt. In: Reuter, Julia (Hg.): Postkoloniale Soziologie. Empirische Befunde, theoretische Anschlüsse, politische Intervention. Bielefeld: Transcript, S. 259–280.

Ha et. al (2016 [2007]): re/visionen: postkoloniale Perspektiven von People of Color auf Rassismus, Kulturpolitik und Widerstand in Deutschland. Münster: Unrast.

Habermas, Jürgen (1969): Strukturwandel der Öffentlichkeit. Untersuchungen zu einer Kategorie der bürgerlichen Gesellschaft. Neuwied u.a.: Luchterhand.

Habermas, Jürgen (1974): The Public Sphere: An Encyclopedia Article. In: New German Critique 3, S. 49–55.

Habermas, Jürgen (1985): Der Philosophische Diskurs der Moderne. Frankfurt am Main: Suhrkamp.

Habermas, Jürgen (2001): Glauben und Wissen. Friedenspreis des Deutschen Buchhandels 2001. Reemtsma, Jan Philipp (Hg.). Frankfurt am Main: Suhrkamp.

Habermas, Jürgen (2005): Zwischen Naturalismus und Religion. Philosophische Aufsätze. Frankfurt am Main: Suhrkamp.

Habermas, Jürgen (2008): Ein Bewußtsein von dem, was fehlt. In: Reder, Michael; Schmidt, Josef (Hg.): Ein Bewußtsein von dem, was fehlt. Eine Diskussion mit Jürgen Habermas. Frankfurt am Main.: Suhrkamp, S. 26–36.

Habermas, Jürgen; Benedictus; Schuller, Florian (Hg.) (2006): Dialektik der Säkularisierung. Über Vernunft und Religion. Freiburg u.a.: Herder.

Hall, Stuart (1994): Der Westen und der Rest: Diskurs und Macht. In: Hall, Stuart (Hg.): Rassismus und kulturelle Identität. Hamburg: Argument-Verl., S. 137–179.

Hall, Stuart (Hg.) (1994): Formations of Modernity. Cambridge: Polity Press.

Hall, Stuart (Hg.) (1994): Rassismus und kulturelle Identität. Hamburg: Argument-Verlag.

Hall, Stuart (1997): Wann war der ›Postkolonialismus‹? Denken an der Grenze. In: Bronfen, Elisabeth (Hg.): Hybride Kulturen. Beiträge zur anglo-amerikanischen Multikulturalismusdebatte. Tübingen: Stauffenburg, S. 219–246.

Hamilton, Peter (1994): The Enlightenment and the birth of Social Science. In: Hall, Stuart (Hg.): Formations of Modernity. Cambridge: Polity Press, S. 17–69.

Hartmann, Martin/Offe, Claus (2011): „Religion“. In: dies (Hrsg.): Politische Theorie und Politische Philosophie: Ein Handbuch. München: C.H.Beck, S. 294-297.

Hashemi, Nader (2009): Islam, Secularism, and Liberal Democracy. Toward a democratic theory for muslim societies. New York, NY: Oxford Univ. Press.

Haußig, Hans-Michael (1999): Der Religionsbegriff in den Religionen. Studien zum Selbst- und Religionsverständnis in Hinduismus, Buddhismus, Judentum und Islam. Mainz u.a.: Philo.

Hegel, Friedrich Wilhelm (1986): Vorlesungen über die Philosophie der Geschichte. Frankfurt am Main: Suhrkamp.

Heiler, Friedrich (1979): Erscheinungsformen und Wesen der Religion. Stuttgart u.a.

Hernández Aguilar, Luis Manuel (2018): Governing Muslims and Islam in Contemporary Germany. Leiden u.a.: Brill.

Hildebrandt, Mathias; Brocker, Manfred; Behr, Hartmut (2001): Einleitung: Säkularisierung und Resakralisierung in westlichen Gesellschaften. Ideengeschichtliche und theoretische Perspektiven. In: Hildebrandt, Mathias; Brocker, Manfred; Behr, Hartmut (Hg.): Säkularisierung und Resakralisierung in westlichen Gesellschaften. Ideengeschichtliche und theoretische Perspektiven. Wiesbaden: Westdt. Verl., S. 9–28.

Hildebrandt, Mathias; Brocker, Manfred; Behr, Hartmut (Hg.) (2001): Säkularisierung und Resakralisierung in westlichen Gesellschaften. Ideengeschichtliche und theoretische Perspektiven. Wiesbaden: Westdt. Verl.

Hildebrandt, Mathias/Brocker, Manfred (Hrsg.) (2008): Der Begriff der Religion. Interdisziplinäre Perspektiven. Wiesbaden: VS.

Hinnells, John R. (Hg.) (2010): The Routledge companion to the study of religion. 2. ed. London u.a.: Routledge.

Hobbes, Thomas (1966): Leviathan. oder Stoff, Form und Gewalt eines bürgerlichen und kirchlichen Staates. Herausgegeben und eingeleitet von Iring Fetcher. Neuwied [u.a.]: Suhrkamp.

Hoelzl, Michael/Ward, Graham (2006): Religion and Political Thought. London [u.a.]: Continuum.

Höffe, Otfried (Hg.) (2008): Lexikon der Ethik. München: Beck.

Höpel, Harro; Luther, Martin; Calvin, Jean (Hg.) (1991): Luther and Calvin on secular authority. Cambridge u.a.: Cambridge Univ. Press.

Hoy, David Couzens (Hg.) (1991): Foucault. A Critical Reader. Oxford u.a.: Blackwell.

Huggan, Graham (1993): Postcolonialism and its Discontents. In: Transition 62, S. 130–135.

Hurd, Elizabeth Shakman (2008): The Politics of Secularism in International Relations. Princeton, NJ u.a.: Princeton Univ. Press.

Hurd, Elizabeth Shakman (2009): Rethinking secularism, turning to the Middle East. Veranstaltung vom 10-11 November, 2009. Veranstalter: The Danish Institute in Damaskus. Online verfügbar unter http://www.damaskus.dk/fileadmin/PDFer/Rethinking_secularism__turning_to_the_Middle_East.pdf, zuletzt geprüft am 7.08.2010.

Inda, Jonathan Xavier (Hg.) (2008): Anthropologies of Modernity. Foucault, governmentality, and life politics. Malden, MA u.a.: Blackwell Publ.

Jakobsen, Janet; Pellegrini, Ann (2000): Worlds Secularism at the Millennium. In: Social Text 18, S. 1–26.

Jameson, Fredric (1984): Periodizing the 60s. In: Social Text 9/10, S. 178–209.

Joas, Hans (2007): Gesellschaft, Staat und Religion. Ihr Verhältnis in der Sicht der Weltreligionen. Eine Einleitung. In: Joas, Hans (Hg.): Säkularisierung und die Weltreligionen. Frankfurt am Main: Fischer-Taschenbuch-Verlag, S. 9–43.

Joas, Hans (Hg.) (2007): Säkularisierung und die Weltreligionen. Orig.-Ausg. Frankfurt am Main: Fischer-Taschenbuch-Verlag.

Joas, Hans (2011): Die Sakralität der Person: Eine neue Genealogie der Menschenrechte. Berlin: Suhrkamp.

Johnson, Pauline (2006): Habermas. Rescuing the public sphere. London u.a.: Routledge.

Juergensmeyer, Mark (1993): The new Cold War? Religious nationalism confronts the secular state. Berkeley, Calif. u.a.: Univ. of California Press.

Jung, Franz Josef (2004): Rede des CDU-Fraktionsvorsitzenden Dr. Franz Josef Jung zum Gesetz zur Sicherung der staatlichen Neutralität. Online verfügbar unter http://www.cdufraktionhessen.de/downl/Reden_Fraktion/Sicherung_der_%20staatlichen_%20Neutralit%C3%A4t-%20Rede_%20Dr.Jung.pdf.

Kabbani, Rana (1986): Europe's myths of Orient. Bloomington: Indiana Univ. Press.

Kallscheuer, Otto; Brague, Rémi (Hg.) (1996): Das Europa der Religionen. Ein Kontinent zwischen Säkularisierung und Fundamentalismus. Frankfurt am Main: Fischer.

Kant, Immanuel (1974): Was ist Aufklärung?. In: Bahr, Ehrhard (Hg.): Was ist Aufklärung? Thesen und Definitionen. Stuttgart: Reclam, S.9-17.

Kant, Immanuel (1985): Der Neger. Frankfurt am Main: Fischer.

Kateb, George (2009): Locke and the Political Origins of Secularism. In: Social Research 76, S. 1001–1034.

Keane, John (2000): Secularism? In: The Political Quarterly 71, S. 5–19.

Keddie, Nikki R. (2003): Secularism & its discontents. In: Daedalus 132, S. 14–30.

Kepel, Gilles (1991): Die Rache Gottes. Radikale Moslems, Christen und Juden auf dem Vormarsch. München u.a.: Piper.

Kerchner, Brigitte (2006): Diskursanalyse in der Politikwissenschaft. Ein Forschungsüberblick. In: Kerchner, Brigitte (Hg.): Foucault: Diskursanalyse der Politik. Eine Einführung. Wiesbaden: VS, Verl. für Sozialwiss., S. 33–67.

Kerchner, Brigitte (Hg.) (2006): Foucault: Diskursanalyse der Politik. Eine Einführung. Wiesbaden: VS, Verl. für Sozialwiss.

Kersting, Wolfgang (2006): Gerechtigkeit und öffentliche Vernunft. Über John Rawls' politischen Liberalismus. Paderborn: mentis.

King, Richard (1999): Orientalism and religion. Postcolonial theory, India and the "mystic East". London u.a.: Routledge.

King, Richard (2002): Response to Reviews of Orientalism and Religion. In: Method & Theory in the Study of Religion 14, S. 279–292.

King, Richard (2010): Orientalism and the Study of Religions. In: Hinnells, John R. (Hg.): The Routledge companion to the Study of Religion. London u.a.: Routledge, S. 291–305.

Knecht, Michi; Feuchter, Jörg (2008): Introduction: Reconfiguring Religion and Its Other. In: Bock, Heike; Feuchter, Jörg; Knecht, Michi (Hg.): Religion and Its Other. Secular and Sacral Concepts and Practices in Interaction. Frankfurt am Main u.a.: Campus-Verlag, S. 9–20.

Kohn, Margaret; McBride, Keally (2011) (Hrsg.): Political Theories of Decolonization. Postcolonialism and the Problem of Foundation. Oxford: Oxford University Press.

Kollmann, Susanne (Hg.) (2004): PostModerne De-Konstruktionen. Ethik, Politik und Kultur am Ende einer Epoche. Münster: Lit.

Kolluri, Satish; Mir, Ali (2002): Redefining Secularism in Postcolonial Contexts: An Introduction. In: Cultural Dynamics 14, S. 7–20.

Kolonialismus. In: Ahlheim, Karl-Heinz (Hg.): Meyers großes Universal-Lexikon. Mannheim u.a.: Bibliographisches Institut, Bd. 8, S. 35.

Kolonialismus. In: Zwahr, Annette (Hg.): Brockhaus-Enzyklopädie. Leipzig u.a.: Brockhaus, Bd.15, S. 303–304.

Koselleck, Reinhart (1959): Kritik und Krise. Ein Beitrag zur Pathogenese der bürgerlichen Welt. Freiburg u.a.: Alber.

Krämer, Anna (2019): Repräsentationen von Staat in Afrika: postkoloniale Kritik eines Diskurses. Baden-Baden: Nomos Verlag.

Küng, Hans; Bechert, Heinz (Hg.) (1992): Buddhismus. Gütersloh: Gütersloher Verlagshaus Mohn.

Laborde, Cécile (2017): Liberalism's Religion. Cambridge [u.a.]: Harvard University Press.

Lanczkowski, Günter (1991): Einführung in die Religionswissenschaft. Darmstadt: Wiss. Buchges.

Landry, Donna; Maclean, Gerald (1996): Introduction: Reading Spivak. In: Spivak, Gayatri Chakravorty: The Spivak reader. Selected works of Gayatri Chakravorty Spivak. New York u.a.: Routledge, S. 1–13.

Langthaler, Rudolf (Hg.) (2007): Glauben und Wissen. Ein Symposium mit Jürgen Habermas. Wien: Oldenbourg.

Leanza, Matthias (2017): Die Zeit der Prävention: Eine Genealogie. Weilerswist: Velbrück Wissenschaft.

Levey, Geoffrey Brahm; Modood, Tariq (Hg.) (2009): Secularism, Religion and Multicultural Citizenship. Cambridge: Cambridge Univ. Press.

Locke, John (1957): Ein Brief über Toleranz. Englisch-deutsch. Ebbinghaus, Julius (Hg.). Hamburg: Meiner.

Locke, John (1977): Zwei Abhandlungen über die Regierung. Hoffmann, Hans J.; Euchner, Walter (Hg.). Frankfurt am Main: Suhrkamp.

Lockman, Zachary (2004): Contending visions of the Middle East. The history and politics of orientalism. Cambridge u.a.: Cambridge Univ. Press.

Loomba, Ania (2005): Colonialism/Postcolonialism. London u.a.: Routledge.

Loth, Heinrich (1987): Kolonialismus und Religion. Historische Erfahrungen im Raum de Indischen Ozeans. Berlin: Union-Verl.

Lübbe, Hermann (1965): Säkularisierung. Geschichte eines ideenpolitischen Begriffs. Freiburg u.a.: Alber.

Macfie, A. L. (2002): Orientalism. A reader. Edinburgh: Edinburgh Univ. Press.

Mahmood, Saba (2003): Questioning Liberalism, Too. Online verfügbar unter http://bostonreview.net/forum/islam-and-challenge-democracy/saba-mahmood-questioning-liberalism-too.

Mahmood, Saba (2009): Religious Reason and Secular Affect: An Incommensurable Divide? In: Critical Inquiry 35, S. 836–862.

Maldonado-Torres, Nelson (2008): Secularism and Religion in the Modern/Colonial World-System: From Secular Postcoloniality to

Postsecular Transmodernity. In: Moraña, Mabel (Hg.): Coloniality at Large. Latin America and the postcolonial debate. Durham u.a.: Duke Univ. Press, S. 360–384.

Maldonado-Torres, Nelson (2009): The Meaning and Function of Religion in an Imperial World. In: Bilimoria, Purushottama; Irvine, Andrew B. (Hg.): Postcolonial Philosophy of Religion. Dordrecht: Springer, S. 193–211.

Mamdani, Mahmood (2006): Guter Moslem, böser Moslem. Amerika und die Wurzeln des Terrors. Hamburg: Ed. Nautilus.

Marramao, Giacomo (1996): Die Säkularisierung der westlichen Welt. Frankfurt am Main u.a.: Insel-Verl.

Martin, Peter (2001): Schwarze Teufel, Edle Mohren. Hamburg: Hamburger Ed.

Mastnak, Tomas (2002): Crusading Peace. Berkeley: University of California Press.

Masuzawa, Tomoko (2005): The Invention of World Religions. Or, how European universalism was preserved in the language of pluralism. Chicago u.a.: Univ. of Chicago Press.

Masuzawa, Tomoko (2008): The burden of the great divide. Online verfügbar unter http://blogs.ssrc.org/tif/author/masuzawat/.

Mbembe, Achille (2001): On the Postcolony. Berkeley u.a.: University of California Press.

Mbembe, Achille (2008): Interview mit Achille Mbembe: What is postcolonial thinking? Unter Mitarbeit von Nathalie Lempereur Jean-Louis Schlegel Oliver Mongin. Online verfügbar unter http://www.eurozine.com/articles/2008-01-09-mbembe-en.html.

McClintock, Anne (1992): The Angel of Progress: Pitfalls of the Term 'Post-Colonialism'. In: Social Text 31/32, S. 84–98.

McClintock, Anne (1995): Imperial Leather: Race, Gender and sexuality in the Colonial Contest. New York [u.a.]: Routledge.

McLeod, John (Hg.) (2007): The Routledge companion to Postcolonial Studies. London u. a.: Routledge.

Mehta, Uday Singh (1999): Liberalism and Empire. A study in Nineteenth-Century British Liberal Thought. Chicago [u.a.]: University of Chicago Press.

Memmi, Albert (1987): Rassismus. Dt. Erstausg. Frankfurt am Main: Athenäum.

Memmi, Albert (1991): The Colonizer and the Colonized. Boston: Beacon Press.

Mendieta, Eduardo (2009): Imperial Somatics and Genealogies of Religion: How we never became Secular. In: Bilimoria, Purushottama; Irvine, Andrew B. (Hg.): Postcolonial Philosophy of Religion. Dordrecht: Springer, S. 235–250.

Mensching, Gustav (1960): Die Religion. Erscheinungsformen, Strukturtypen und Lebensgesetze. München: Goldmann.

Mignolo, Walter (1995): The Darker Side of the Renaissance: Literacy, Territoriality, and Colonization. Ann Arbor: University of Michigan Press.

Mignolo, Walter (2011): The Darker Side of Western Modernity. Durham u.a.: Duke University Press.

Miles, Robert (1999): Rassismus. Einführung in die Geschichte und Theorie eines Begriffs. Hamburg: Argument-Verl.

Mill, James (1820): The History of British India. London: Printed for Baldwin, Cradock, and Jofy.

Minkenberg, Michael; Willems Ulrich (Hg.) (2003): Politik und Religion. Wiesbaden: Westdt. Verlag.

Mishra, Vijay; Hodge, Bob (2005): What was Postcolonialism? In: New Literary History 36, S. 375–402.

Mitchell, Timothy (1988): Colonizing Egypt. Cambridge: Cambridge University Press.

Modood, Tariq (2009): Introduction: Odd Ways of Being Secular. In: Social Research 76, S. 1169–1172.

Moore, Robert (1987): The Formation of a Persecuting Society. Oxford u.a.: Blackwell.

Moore-Gilbert, Bart J. (Hg.) (1997): Postcolonial Criticism. London u.a.: Longman.

Moraña, Mabel (Hg.) (2008): Coloniality at Large. Latin America and the postcolonial debate. Durham u.a.: Duke Univ. Press.

Muhle, Maria (2008): Eine Genealogie der Biopolitik: Zum Begriff des Lebens bei Foucault. Bielefeld: transcript.

Mufti, Aamir R. (Hg.) (2004): Critical secularism. Durham, N.C.: Duke Univ. Press.

Nagl-Docekal, Herta (Hg.) (2008): Jenseits der Säkularisierung. Religionsphilosophische Studien. Berlin: Parerga.

Narayan, Uma (1995): Colonialism and Its Others: Considerations on Rights and Care Discourses. In: Hypatia 10, S. 133–140.

Nassib, Sélim (1991): Was bewegt die arabische Straße? In: Richter, Stefan (Hg.): Orient-Express. Ansichten zum Islam. Leipzig: Reclam, S. 190–200.

Nematollahy, Ali (1994): Religion and Politics. In: Conference: A Journal of Philosophy and Theory 5, S. 63–70.

Ní Fhlathúin, Maria (2007): The British Empire. In: McLeod, John (Hg.): The Routledge Companion to Postcolonial Studies. London u. a.: Routledge, S. 21–31.

Nohlen, Dieter (Hg.) (2004): A - M. München: Beck.

Nohlen, Dieter (Hg.) (2004): N - Z. München: Beck.

Nonhoff, Martin (2004): Diskurs. In: Göhler, Gerhard (Hg.): Politische Theorie. 22 umkämpfte Begriffe zur Einführung. Wiesbaden: VS, Verl. für Sozialwiss., S. 65–82.

Noor, Farish A. (2002): New Voices of Islam. Amsterdam University Press. Leiden.

Omar, Hussein (2017): Arabic Thought in the Liberal Cage. In: Devji, Faisal/Kazmi, Zaheer (Hrsg.): Islam After Liberalism. London: Hurst, S. 17-45.

Oloukpona-Yinnon, Adjaï Paulin (2000): Postkoloniale Situationen und die Zukunft der Kulturen. In: Rüsen, Jörn; Ajtmatov, Cingiz (Hg.): Zukunftsentwürfe. Ideen für eine Kultur der Veränderung. Studienausg. Frankfurt am Main u.a.: Campus-Verlag, S. 75–86.

Olupona, Jacob O. (Hg.) (2001): Beyond primitivism. Indigenous religious traditions and modernity. London u.a.: Routledge.

Omoniyi, Tope; Fishman, Joshua A. (Hg.) (2006): Explorations in the sociology of language and religion. Amsterdam u.a.: J. Benjamins.

Osterhammel, Jürgen (1997): Edward W. Said und die ›Orientalismus‹-Debatte. Ein Rückblick. In: Asien-Afrika-Lateinamerika, S. 597–607.

Osterhammel, Jürgen (2005): ›The Great Work of Uplifting Mankind‹. Zivilisierungsmissionen und Moderne. In: Barth, Boris (Hg.): Zivilisierungsmissionen. Imperiale Weltverbesserung seit dem 18. Jahrhundert. Konstanz: UVK-Verl.-Ges., S. 363–425.

Osterhammel, Jürgen (2006): Kolonialismus. Geschichte - Formen - Folgen. München: Beck.

Osterhammel, Jürgen (2007): Vom Umgang mit dem ›Anderen‹. Zivilisierungsmissionen - in Europa und darüber hinaus. In: Barth, Boris (Hg.): Das Zeitalter des Kolonialismus. Stuttgart: Theiss, S. 45–54.

Osterhammel, Jürgen (2010): Die Verwandlung der Welt. Eine Geschichte des 19. Jahrhunderts. München: Beck.

Otto, Rudolf (2004): Das Heilige. Über das Irrationale in der Idee des Göttlichen und sein Verhältnis zum Rationalen. München: Beck.

Parekh, Bhikhu (2008): European Liberalism and ›The Muslim Question‹. Amsterdam University Press. Leiden.

Parry, Benita (2002): Directions and Dead Ends in Postcolonial Studies. In: Goldberg, David Theo (Hg.): Relocating Postcolonialism. Oxford u.a.: Blackwell, S. 66–81.

Persram, Nalini (2008) (Hrsg.): Postcolonialism and Political Theory. Lanham, Md. [u.a.]: Lexington Books.

Peterson, Derek R. (2002): Gambling with God. Rethinking Religion in Colonial Central Kenya. In: Peterson, Derek R.; Walhof, Darren (Hg.): The Invention of Religion: Rethinking Belief in Politics and History, Rutgers University Press, S. 37–58.

Peterson, Derek R.; Walhof, Darren (2002): Rethinking Religion. In: Peterson, Derek R.; Walhof, Darren (Hg.): The Invention of Religion: Rethinking Belief in Politics and History, Rutgers University Press, S. 1–16.

Peterson, Derek R.; Walhof, Darren (Hg.) (2002): The Invention of Religion: Rethinking Belief in Politics and History, Rutgers University Press.

Pitts, Jennifer (2010): Political Theory of Empire and Imperialism. In: Annual Review of Political Science 13, S. 211-235.

Pollack, Detlef (2003): Säkularisierung - ein moderner Mythos? Tübingen: Mohr Siebeck.

Pollack, Detlef (2007): Religion und Moderne. Versuch einer Bestimmung ihres Verhältnisses. Essen: Klartext.

Porter, Andrew (2007): An Overview, 1700-1914. In: Etherington, Norman (Hg.): Missions and Empire. Oxford u.a.: Oxford Univ. Press, S. 40–63.

Pratt, Mary Louise (2008): Imperial eyes. Travel writing and transculturation. London u.a.: Routledge.

Randeria, Shalini (2000): Geteilte Geschichte und verwobene Moderne. In: Rüsen, Jörn; Ajtmatov, Cingiz (Hg.): Zukunftsentwürfe. Ideen für eine Kultur der Veränderung. Frankfurt am Main u.a.: Campus-Verlag, S. 87–96.

Randeria, Shalini (Hg.) (2004): Konfigurationen der Moderne. Diskurse zu Indien. Baden-Baden: Nomos-Verl.-Ges.

Randeria, Shalini (2004): Konfigurationen der Moderne: Zur Einleitung. In: Randeria, Shalini (Hg.): Konfigurationen der Moderne. Diskurse zu Indien. Baden-Baden: Nomos-Verl.-Ges., S. 10–34.

Rawls, John (1997): The Idea of Public Reason Revisited. In: The University of Chicago Law Review 64, S. 765–807.

Rawls, John (1998): Politischer Liberalismus. Frankfurt am Main: Suhrkamp.

Reckwitz, Andreas (2008): Subjekt. Bielefeld: Transcript.

Reder, Michael; Schmidt, Josef (Hg.) (2008): Ein Bewußtsein von dem, was fehlt. Eine Diskussion mit Jürgen Habermas. Frankfurt, M.: Suhrkamp.

Reder, Michael; Schmidt, Josef (2008): Habermas und die Religion. In: Reder, Michael; Schmidt, Josef (Hg.): Ein Bewußtsein von dem, was fehlt. Eine Diskussion mit Jürgen Habermas. Frankfurt am Main.: Suhrkamp, S. 9–25.

Reese-Schäfer, Walter/Salzborn, Samuel (2015): Einleitung: Warum wird man Klassiker/in des politischen Denkens?. In: Reese-Schäfer, Walter/Salzborn, Samuel (Hrsg.): „Die Stimme des Intellekts ist leise“: Klassiker/innen des politischen Denkens abseits des Mainstreams. Baden-Baden: Nomos, S.7-16.

Renan, Ernest (1883): Der Islam und die Wissenschaft. Vortrag gehalten in der Sorbonne am 29.März 1883. Basel: Verlag von M. Bernheim.

Reuter, Julia (2002): Ordnungen des Anderen. Zum Problem des Eigenen in der Soziologie des Fremden. Bielefeld: Transcript.

Reuter, Julia (Hg.) (2010): Postkoloniale Soziologie. Empirische Befunde, theoretische Anschlüsse, politische Intervention. Bielefeld: Transcript.

Reuter, Julia; Villa, Paula-Irene (2010): Provincializing Soziologie. Postkoloniale Theorie als Herausforderung. In: Reuter, Julia (Hg.): Postkoloniale Soziologie. Empirische Befunde, theoretische Anschlüsse, politische Intervention. Bielefeld: Transcript, S. 11–46.

Reuter, Julia; Karentzos, Alexandra (2012): Schlüsselwerke der Postkolonialen Studien. Wiesbaden: Springer.

Richter, Stefan (Hg.) (1991): Orient-Express. Ansichten zum Islam. 1. Aufl. Leipzig: Reclam.

Ruoff, Michael (2007): Foucault-Lexikon. Entwicklung, Kernbegriffe, Zusammenhänge. Paderborn: Fink.

Rüsen, Jörn; Ajtmatov, Cingiz (Hg.) (2000): Zukunftsentwürfe. Ideen für eine Kultur der Veränderung. Frankfurt am Main u.a.: Campus-Verlag.

Saar, Martin (2007): Genealogie als Kritik: Geschichte und Theorie des Subjekts nach Nietzsche und Foucault. Frankfurt am Main: Campus.

Said, Edward W. (1985): Orientalism Reconsidered. In: Cultural Critique 1, S. 89–107.

Said, Edward W. (1991): Foucault and the Imagination of Power. In: Hoy, David Couzens (Hg.): Foucault. A Critical Reader. Oxford u.a.: Blackwell, S. 149–155.

Said, Edward W. (1999): Die Konstruktion der Anderen. In: Burgmer, Christoph; Miles, Robert (Hg.): Rassismus in der Diskussion. Gespräche mit Robert Miles, Edward W. Said, Albert Memmi, Günter Grass, Wolfgang Benz, Wolfgang Wippermann, Birgit Rommelspacher, Teun A. van Dijk, Stuart Hall. Berlin: Elefanten Press, S. 27–43.

Said, Edward W. (2003): Orientalism. London u.a.: Penguin Books.

Sayyid, S. (2009): Contemporary politics of secularism. In: Levey, Geoffrey Brahm; Modood, Tariq (Hg.): Secularism, religion and multicultural citizenship. 1. publ. Cambridge: Cambridge Univ. Press, S. 186–199.

Schiffauer, Werner (1996): New Trends in Cultural Anthropology. In: Giordano, Christian; Greverus, Ina-Maria (Hg.): Anthropological Journal on European Cultures (AJEC). Vol. 5, S. 49–62.

Schmidt, Thomas M. (2007): Religiöser Diskurs und diskursive Religion in der postsäkularen Gesellschaft. In: Langthaler, Rudolf (Hg.): Glauben und Wissen. Ein Symposium mit Jürgen Habermas. Wien: Oldenbourg, S. 322–340.

Schmidt, Thomas M. (2008): Öffentliche Vernunft - vernünftige Öffentlichkeit? Zum Verhältnis von Rationalität und Normativität in Rawls' politischem liberalismus. In: Schmidt, Thomas M.; Parker, Michael G. (Hg.): Religion in der pluralistischen Öffentlichkeit. Würzburg: Echter, S. 87–103.

Schmidt, Thomas M.; Parker, Michael G. (Hg.) (2008): Religion in der pluralistischen Öffentlichkeit. Würzburg: Echter.

Schneiders, Werner (1997): Das Zeitalter der Aufklärung. München: Beck.

Schulze, Reinhard (2005): Orientalistik und Orientalismus. In: Ende, Werner; Steinbach, Udo (Hg.): Der Islam in der Gegenwart. Bonn: Bpb, S. 755–767.

Schulze, Reinhard (2007): Orientalismus. Zum Diskurs zwischen Orient und Okzident. In: Attia, Iman (Hg.): Orient- und

IslamBilder. Interdisziplinäre Beiträge zu Orientalismus und antimuslimischen Rassismus. Münster: Unrast, S. 45–68.

Scott, David (1999): Refashioning futures. Criticism after postcoloniality. Princeton, NJ: Princeton University Press.

Scott, David (2003): Culture in Political Theory. In: Political Theory 31, S. 92–115.

Scott, David (2008): Appendix: The Trouble of Thinking: An Interview with Talal Asad. In: Scott, David (Hg.): Powers of the Secular Modern. Talal Asad and his Interlocutors. Standford, Calif.: Stanford Univ. Press, S. 243–303.

Scott, David (2008): Colonial Governmentality. In: Inda, Jonathan Xavier (Hg.): Anthropologies of Modernity. Foucault, governmentality, and life politics. Malden, MA u.a.: Blackwell Publ., S. 23–49.

Scott, David (Hg.) (2008): Powers of the Secular Modern. Talal Asad and his Interlocutors. Standford, Calif.: Stanford Univ. Press.

Scott, David; Hirschkind, Charles (2008): The Anthropological Skepticism of Talal Asad. In: Scott, David (Hg.): Powers of the Secular Modern. Talal Asad and his Interlocutors. Standford, Calif.: Stanford Univ. Press, S. 1–11.

Scott, David (2014): Omens of Adversity. Durham u.a.: Duke.

Senne, Stefan; Hesse, Alexander (2019): Genealogie der Selbstführung: Zur Historizität von Selbsttechnologien. Bielefeld: transcript.

Seth, Sanjay (2001): Liberalism and the politics of (multi)culture: or, plurality is not differance. In: Postcolonial Studies 4, S. 65–77.

Seth, Sanjay; Gandhi, Leela; Dutton, Michael (1998): Postcolonial Studies: A Beginning … In: Postcolonial Studies 1, S. 7–11.

Shaikh, Nermeen (2008): The Present as History. Critical Perspectives on contemporary Global Power. New York: Columbia Univ. Press.

Sharp, Joanne P. (2009): Geographies of postcolonialism. Spaces of power and representation. London: SAGE.

Shohat, Ella (1992): Notes on the ›Post-Colonial‹. In: Social Text 31/32, S. 99–113.

Singer, Mona (1997): Fremd. Bestimmung. Zur kulturellen Verortung von Identität. Tübingen: Ed. diskord.

Smith, Huston (1958): The Religions of Man. New York: Harper and Row.

Smith, Jonathan Z. (1982): Imagining religion. From Babylon to Jonestown. Chicago u.a.: Univ. of Chicago Press.

Smith, Jonathan Z. (2004): Relating religion. Essays in the study of religion. Chicago u.a.: Univ. of Chicago Press.

Smith, Wilfred Cantwell (1963): The Meaning and end of religion. New York: Macmillan.

Spivak, Gayatri Chakravorty (1984): The Rani of Sirmur. In: Barker, Francis (Hg.): Europe and Its Others. Colchester: Univ. of Essex, S. 128–151.

Spivak, Gayatri Chakravorty (1999): Imperative zur Neuerfindung des Planeten. Wien: Passagen-Verl.

Spivak, Gayatri Chakravorty (2004): Terror: A Speech After 9-11. In: Mufti, Aamir R. (Hg.): Critical secularism. Durham, N.C.: Duke Univ. Press, S. 81–111.

Spivak, Gayatri Chakravorty (2007): Religion, Politics, Theology: A Conversation with Achille Mbembe. In: boundary 2 34, S.149-170.

Spivak, Gayatri Chakravorty (2008): Can the subaltern speak? Postkolonialität und subalterne Artikulation. Wien: Turia & Kant.

Springborg, Patricia (Hg.) (2007): The Cambridge Companion to Hobbes's Leviathan. Cambridge u.a.: Cambridge Univ. Press.

Stein, Tine (2011 [2004]): Religion. In: Göhler, Gerhard; Iser, Matthias; Kerner, Ina (Hg.): Politische Theorie. 25 umkämpfte Begriffe zur Einführung. Wiesbaden: VS, Verl. für Sozialwiss., S. 324–338.

Stoeckl, Kristina (2010): Welche politische Philosophie für die postsäkulare Gesellschaft? Bestandsaufnahme eines practice turn. Online verfügbar unter http://www.iwm.at/index.php?option=com_content&task=view&id=302&Itemid=231.

Stoler, Ann Laura (1985): Race and the Education of Desire: Foucault's history of sexuality and the colonial order of things. Durham u.a.: Duke University Press.

Stoler, Ann Laura; Cooper, Frederick (1997): Between Metropole and Colony. Rethinking a Research Agenda. In: Stoler, Ann Laura; Cooper, Frederick (Hg.): Tensions of Empire. Colonial cultures in a bourgeois world. Berkeley u.a.: University of California Press, S. 1–56.

Stoler, Ann Laura; Cooper, Frederick (Hg.) (1997): Tensions of Empire. Colonial cultures in a bourgeois world. Berkeley u.a.: University of California Press.

Stoler, Ann Laura (2005): Carnal knowledge and imperial power: race and the intimate in colonial rule. Berkeley: University of California Press.

Stoler, Ann Laura (2016): Duress: Imperial Durabilities in our times. Durham u.a.: Duke.

Sundermeier, Theo (1999): Was ist Religion? Religionswissenschaft im theologischen Kontext; ein Studienbuch. Gütersloh: Kaiser, Gütersloher Verl.-Haus.

Sweetman, Will (2007): Colonialism all the way down? Religion and the secular in early modern writing on south India. In: Fitzgerald, Timothy (Hg.): Religion and the Secular. Historical and Colonial Formations. London: Equinox, S. 117–134.

Taylor, Charles (1992): Modernity and the Rise of the Public Sphere. The Tanner Lectures on Human Values. Stanford University. Online verfügbar unter http://www.tannerlectures.utah.edu/lectures/documents/Taylor93.pdf.

Taylor, Charles (1996): Drei Formen des Säkularismus. In: Kallscheuer, Otto; Brague, Rémi (Hg.): Das Europa der Religionen. Ein Kontinent zwischen Säkularisierung und Fundamentalismus. Frankfurt am Main: Fischer, S. 217–246.

Taylor, Charles (1999): Modes of Secularism. In: Bhargava, Rajeev (Hg.): Secularism and its Critics. Oxford: Oxford Univ. Press, S. 31–53.

Taylor, Charles (2002): Modern Social Imaginaries. In: Public Culture 14, S. 91–124.

Taylor, Charles (2009): Die Bedeutung des Säkularismus. In: Forst, Rainer (Hg.): Sozialphilosophie und Kritik. Frankfurt, M.: Suhrkamp, S. 672–696.

Tayob, Abdulkader Islmail (2007): Religion in modern Islamic thought and practice. In: Fitzgerald, Timothy (Hg.): Religion and the Secular. Historical and Colonial Formations. London: Equinox, S. 177–192.

Tolan, John (2002): Saracens. New York u.a.: Columbia Univeresity Press.

van der Veer, Peter (Hg.) (1996): Conversion to Modernities: the globalization of Christianity. New York u.a.: Routledge.

van der Veer, Peter (1998): The Global History of ›Modernity‹. In: Journal of the Economic and Social History of the Orient 41, S. 285–294.

van der Veer, Peter (Hg.) (1999): Nation and Religion. Perspectives on Europe and Asia. Princeton, NJ: Princeton Univ. Press.

van der Veer, Peter (2001): Imperial Encounters. Religion and Modernity in India and Britain. Princeton u.a.: Princeton Univ. Press.

van der Veer, Peter (2009): Spirituality in Modern Society. In: Social Research 76, S. 1097–1120.

Viswanathan, Gauri (1998): Outside the fold. Conversion, modernity, and belief. Princeton, NJ: Princeton Univ. Press.

Vries, Hent de (Hg.) (2006): Political theologies. Public religions in a post-secular world. New York: Fordham Univ. Press.

Vries, Hent de (Hg.) (2008): Religion. Beyond a concept. New York: Fordham Univ. Press.

Walzer, Michael (1984): Liberalism and the Art of Separation. In: Political Theory 12, 3, S. 315-330.

Wartenberg, Thomas (2008): Existentialism: A Beginners Guide. A Beginners Guide: Oneworld Publications.

Widengren, Geo (1969): Religionsphänomenologie. Berlin: de Gruyter.

Willems, Ulrich (2001): Säkularisierung des Politischen oder politikwissenschaftlicher Säkularismus? Zum disziplinären Perzeptionsmuster des Verhältnisses von Religion und Politik in gegenwärtigen Gesellschaften. In: Hildebrandt, Mathias; Brocker, Manfred; Behr, Hartmut (Hg.): Säkularisierung und Resakralisierung in westlichen Gesellschaften. Ideengeschichtliche und theoretische Perspektiven. Wiesbaden: Westdt. Verl., S. 216–240.

Willems, Ulrich; Minkenberg, Michael (2003): Politik und Religion im Übergang - Tendenzen und Forschungsfragen am Beginn des 21. Jahrhunderts. In: Minkenberg, Michael; Willems Ulrich (Hg.): Politik und Religion. Wiesbaden: Westdt. Verl., S. 13–41.

Wright, Elizabeth (Hg.) (1998): Feminism and Psychoanalysis. A Critical Dictionary. Oxford u.a.: Blackwell.

Yegenoglu, Meyda (1998): Colonial fantasies: towards a feminist reading of Orientalism. Cambridge: Cambridge University Press.

Young, Robert (1995): Colonial desire. Hybridity in theory, culture and race. London u.a.: Routledge.

Zabel, Hermann; Conze, Werner; Strätz, Hans-Wolfgang (1984): Säkularisation, Säkularisierung. In: Brunner, Otto (Hg.): Geschichtliche Grundbegriffe: historisches Lexikon zur politisch-sozialen Sprache in Deutschland. Stuttgart: Klett-Cotta, S. 789–829.

Zachhuber, Johannes (2007): Die Diskussion über Säkularisierung am Beginn des 21. Jahrhunderts. In: Braun, Christina von (Hg.): Säkularisierung. Bilanz und Perspektiven einer umstrittenen These. Berlin u.a.: Lit, S. 11–42.

Zebiri, Kate (1998): Muslim anti-secularist discourse in the context of Muslim-Christian relations. In: Islam and Christian-Muslim Relations 9, S. 47–64.

Ziai, Aram (2012a): Postkoloniale Politikwissenschaft. Grundlage einer postkolonialen politischen Theorie und ihre Anwendungsfelder. In: J. Reuter und A. Karentzos (eds.): Schlüsselwerke der Postcolonial Studies. Wiesbaden: VS Verlag. S. 273-286.

Ziai, Aram (2012b): Postkoloniale Studien und Politikwissenschaft: Komplementäre Defizite, Stand der Forschung und Perspektiven. Politische Vierteljahresschrift 53, 2, S. 292-323.

Ziai, Aram (2016): Postkoloniale Studien und Politikwissenschaft. Komplementäre Defizite und ein Forschungsprogramm. In: ders. (Hrsg.): Postkoloniale Politikwissenschaft. Theoretische und empirische Zugänge. Bielefeld: transcript, S. 25-45.

Zuckermann, Ghilad (2006): ›Etmythological othering‹ and the power of ›lexical engineering‹ in Judaism, Islam and Christianity. In: Omoniyi, Tope; Fishman, Joshua A. (Hg.): Explorations in the sociology of language and religion. Amsterdam u.a.: J. Benjamins, S. 237–258.

Zwahr, Annette (Hg.): (2006) Brockhaus-Enzyklopädie. Leipzig u.a.: Brockhaus.

Zeitfracht Medien GmbH
Ferdinand-Jühlke-Straße 7
99095 Erfurt, Deutschland
produktsicherheit@kolibri360.de